**문과생,
데이터 사이언티스트 되다**

문과생,
데이터 사이언티스트 되다

데이터를 비즈니스에 활용하고 싶은 이들을 위한 가장 쉬운 안내서

차현나 지음

더퀘스트

"데이터 사이언티스트는
무슨 일을 하나요?"

얼마 전 유튜브 라이브 방송에서 데이터를 공부하는 학생들과 직장인들에게 현직 데이터 사이언티스트에게 궁금한 것을 질문받는 이벤트를 한 적이 있다. 의외로 "데이터 사이언티스트는 무슨 일을 하나요?"라는 질문이 가장 많았다. 2시간이 넘는 라이브 방송을 시청하며 질문을 올릴 만큼 데이터 사이언티스트라는 단어에 관심이 있지만, 구체적으로 뭘 하는 사람인지는 아직 잘 모른다는 뜻이었다.

"데이터와 관련된 거의 모든 일을 합니다"

현재 나는 데이터 사이언티스트로서 '기술을 이용해 데이터를 분석하고 인사이트를 전달하는 일'을 한다. 좀 더 보충하자면 사람들이 데이터를 중심으로 의사결정을 할 수 있도록 돕고, 데이터를 바탕으로 제품 개발에 필요한 논리를 만든다. 시장의 반응을 분석해 무엇이 잘되고 있고 잘못되고 있는지 신호를 잡아내는 역할도 한다. 데이터에서 아이디어를 얻은 제품이 나오는 것도 보고, 데이터에서 소비자의 마음을 찾아내 서비스가 개선되는 과정에도 함께했다. 회사 안의 여러 부서 사람들을 만나 데이터가 무엇인지 설명하고 데이터로 할 수 있는 일에 대한 얘기를 주고받기도 한다.

한마디로 소비자의 데이터를 활용할 수 있는 거의 대부분의 프로젝트에 참여하고 있다.

하지만 작가가 쓰는 글의 장르가 다양하듯 데이터 사이언티스트가 하는 일도 저마다 다르다. 이 책에서 다루는 데이터 사이언티스트의 일은 나와 내 지인들의 경험을 중심으로 쓰였다. 특히 나는 학창 시절 사회과학대학을 다닌 문과생 데이터 사이언티스트여서, 공과대학 출신 데이터 사이언티스트들을 따로 인터뷰해 공통점과 차이점을 살펴보고 데이터 사이언티스트로서 하는 일이 어떻게 다른지도 프로젝트 유형별로 비교해봤다. 이 내용은 1부와 3부에서 만나볼 수 있다.

데이터 사이언티스트로 일하다 보면 종종 받는 질문이 하나 더 있다. 어떻게 이 일을 선택하게 되었느냐는 것이다.

나는 전형적인 문과생이다. 인문계 고등학교 문과와 사회과학대학에서 공부했다. 이공계와 접점이 있다면 아빠가 IT 계열에 종사하셔서 아주 어릴 때부터 집에 컴퓨터가 있었다는 것, 소비자 심리학을 전공했다는 것 정도다. 소비자 심리학은 사람들의 마음을 읽어내기 위해 통계를 활용하기 때문에 숫자가 필수다. 덕분에 통계로 만들어져 눈에 보이는 '숫자'와 눈에 보이지 않지만 원하는 것을 표현하는 사람들의 '언어'를 함께 공부할 수 있었다.

하지만 2000년대 초반만 해도 데이터 사이언티스트란 단어는 사회적으로 거의 언급되지 않았고, 나 역시 관심이 없었다. 나는 그저 학교 연구실에서 실험을 설계하고 숫자를 모으고 분석해 인사이트를 만드는 과정이 즐거웠다. 새로운 것을 발견했을 때의 기분이나 생각을 객관적으로 확인하는 단계를 좋아했는데, 이런 성향과 선호가 시대적으로 데이터 사이언티스트라는 직업과 잘 맞았던 것이다. 이렇게 내가 알고 있는 데이터 사이언티스트에게 필요한 마인드에 관한 얘기는 2부에서 소개하려고 한다. 또 데이터 사이언티스트가 되기 위한 준비 과정에서 무엇을 하면 도움이 될지도 함께 다룬다.

코딩을 몰라도 좌절할 필요는 없다

데이터 사이언티스트가 된 이후 여러 회사를 거치며 나는 최고의 인재들과 일할 기회를 얻었다. 이 경험들은 내게 '상상하는 것 중에서 불가능한 건 없다'는 신념을 심어주었다. 그 가운데 컴퓨터공학을 전공하지 않은 팀원으로서의 역할에 대한 고민이 많았던 것도 사실이다. 10살부터 코딩을 해온 공대 출신 A급 데이터 사이언티스트와 나를 비교하며 좌절하기도 했다. 하지만 그래서 더 그들이 갖지 못한 나만의 장점을 찾기 위해 노력할 수 있었고 스스로 성장할 수 있는 계기가 됐다.

모든 회사의 모든 데이터 관련 종사자들이 기술을 잘 활용하고 데이터를 잘 분석하는 것은 아니다. 아직 데이터를 생소하게 여기는 회사도 있고 개인의 역량이 뛰어나지 않은 엔지니어나 분석가도 있다. 이런 얘기를 하는 것은 이들을 비난하기 위해서가 아니다. 다양한 회사에, 다양한 역량을 지닌, 다양한 유형의 사람이 있으니 개개인의 고유한 장점을 어떻게 잘 활용할 수 있을지 고민해야 다 함께 성장하는 기회가 된다는 점을 강조하고 싶을 뿐이다.

나의 적성을 확인해보는 시간

이 책에 관심을 보인 사람이라면 삶의 어떤 단계에 있든 지금 자신에게 맞는 직업이나 업무를 고민하고 있을 것이다. 데이터 사이언티스트가 되고 싶어 이 책을 골랐다고 해도 책을 읽고 나서 이 일에 더욱 흥미를 느끼는 사람도 있고 그 반대인 사람도 있을 것이다. 어느 쪽이든 이 책을 읽는 동안 데이터가 너무 멀게 느껴지지 않았으면 좋겠다. 그리고 꼭 데이터 사이언티스트가 아니더라도 자신의 적성을 돌아볼 수 있는 시간이 됐으면 한다.

이런 바람을 담아 4부에서는 진로를 고민하는 이들이 간단하게 해볼 수 있는 워크숍을 준비했다. 대학에서 강의를 할 때 실제로 이 워크숍을 매 학기 첫 시간에 학생들과 함께 진행했는데 꽤 도움이 됐다는 후기가 많았다. 필요하다면 이력서를 쓰기 전에 해봐도 도움이 될 것이다.

반드시 모든 사람이 데이터를 잘 다뤄야 하거나 데이터 사이언티스트가 될 필요는 없다고 생각한다. 그보다는 자신의 성향이나 장점을 아는 것이 더 중요하다. 워크숍을 통해 인생의 키워드를 찾아가면서 자신이 좋아하는 것, 잘하는 것, 추구하는 것을 발견하고 '나'라는 데이터를 분석하는 첫걸음을 내디딜 수 있다. 모든 (예비) 직장인들이 자신만의 적성을 찾아 전문성을 발전시키고 성장해나가는 데 이 책이 조금이라도 도움이 되길 바란다.

　마지막으로 이 책에 등장하는 기업, 조직, 개인 등은 일반적인 얘기들을 종합해 재구성한 것으로 특정 조직이나 한 개인에 대한 것이 아님을 밝힌다. 자, 그럼 이제 데이터 사이언티스트의 세계로 들어가보자.

1부

숫자와 현실을 연결하다
: 데이터 사이언티스트의 등장

1장

데이터 필수 시대

개념보다 중요한 것은 활용이다

'빅데이터Big Data'라는 단어를 들어본 적이 있을 것이다. 초등학생도 코딩을 배우는 요즘 세상에서는 아주 흔하게 쓰이고 있다. 기업에서는 물론 일반 대중을 대상으로 하는 광고에서도 쉽게 볼 수 있다. 단어 인지도로 치면 통신사의 'LTELong-Term Evolution'와 비슷한 수준이지 않을까 싶다.

그렇다면 빅데이터를 명확하게 정의할 수 있는 사람도 흔할까? 어느 정도 커야 '빅'데이터일까? 마치 'LTE'라는 단어가 정확히 뭔지는 몰라도 빠르다는 느낌으로 사용됐던 것처럼, 그리고 이제는 5G라는 더 상위 이동통신 기술이 나왔다는 사실을 어렴풋이 아는 것처럼 빅데이터에 대한 이해도 이와 비슷하지 않을까? 빅데이터가 뭔지는 몰라도 많거나 중요한 느낌이고, 데이터보다는 상위개념일 것 같고, 더 나아가면 인공지능Artificial Intelligence이라든지 머신러닝* 등과 연결될 것 같다는 느낌 정도가 전부일지 모른다.

그래도 상관없다. 누군가는 빅데이터와 관련된 개념을 정의하고 이름을 붙이는 것이 매우 중요하다고 할지 모르지만, 전문가가 아니라면 세분화된 정의를 꼭 알 필요는 없다고 생각한다. 그보다는 우리 사회에 데이터와 데이터 분석이 얼마나 일반화되어 있고, 그 데이터를 어떻게 활용하는지 이해하는 것이 더 중요하다.

쌓일수록 가치가 생기는 것

시애틀에 있는 연어 박물관에 간 적이 있다. 시즌을 잘 맞추면

---

* Machine Learning, 기계학습. 인공지능의 한 분야로 사람이 학습하듯 컴퓨터가 데이터를 학습하게 함으로써 새로운 지식을 얻는다.

강 아래에 만든 수족관 같은 공간에서 연어가 헤엄치는 모습도 직접 볼 수 있어 흥미로웠다. 그런데 이곳에서 내 시선을 잡아 끈 건 연어뿐만이 아니었다. 무심코 지나치기 쉬운 위치에 재밌는 차트가 하나 걸려 있었다. 해마다 연어의 수가 얼마나 되는지를 막대그래프로 나타낸 것이었다. 기록은 1972년부터 시작되고 있었는데, 이때부터 대략적으로나마 물고기의 개체 수를 수치로 남겼다는 점이 놀라웠다.

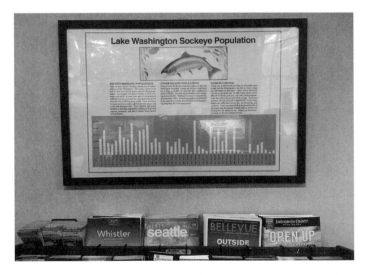

시애틀 연어 박물관에 있는 연어 관련 차트. 그래프의 막대는 연도별 연어 수를 나타낸다.

하루는 쉬울지 몰라도 지속적으로 기록하기는 어렵다. 이런 기록은 훌륭한 데이터가 된다. 연도와 연어 수가 있기 때문에 해당 연도에 일어난 다른 데이터와 연결해 분석을 해볼 수 있다. 연어 수가 전년과 대비해 줄었는지 늘었는지, 그 원인은 무엇인지 파악할 수 있는 근거 자료가 되는 것이다.

연어가 줄어들었다고 가정해보자. 당신은 이제 이 지역에 더 이상 연어가 오지 않게 됐는지, 아니면 다른 원인이 있는지 알아봐야 한다고 생각해 이렇게 말한다.

"연어가 줄어든 것 같아요!"

하지만 사람들은 그게 얼마나 큰 문제인지, 아니 정말로 연어가 줄어들긴 했는지조차 알지 못할 수도 있다. 속으론 이렇게 생각할지도 모른다.

'뭐가 줄어들었다는 거죠? 난 어제도 연어를 먹었는데.'

이때 매일이나 매달 혹은 매년 대략적으로라도 연어가 몇 마리였는지 기록한 차트가 있다면 최근에 연어가 얼마나 줄어들었는지, 이것이 얼마나 이례적인 일인지 구체적으로 말할 수 있을 것이다. 전년 대비 30% 감소, 10년 전과 비교하면 절반으로 줄어들었다는 표현을 듣는다면 사람들은 연어가 줄어드는 현상을 좀 더 심각하게 받아들일 수 있다.

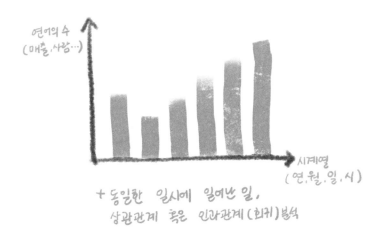

+ 동일한 일시에 일어난 일,
상관관계 혹은 인과관계 (회귀)분석

시계열을 가지고 있는 데이터는 다른 데이터와 연결해 분석하기가 좋다. 대표적인 예로 매출 데이터에는 시계열 정보가 담겨 있어 동일 시계열 정보를 가진 데이터와 연결할 수 있다.

이처럼 데이터에는 사람들이 주장을 객관적으로 받아들이게 하는 힘이 있다. 반드시 어려운 숫자를 보여주지 않더라도 논리적인 사고의 흐름 속에서 의문이 생기는 부분을 데이터가 채워줄 수 있다. 이런 이유로 기업에서도 데이터를 기반으로 의사결정을 하는 문화가 점차 확산되고 있다. 더 많은 데이터를 가진 기업일수록 더 정확한 의사결정을 할 수 있고, 더 나은 데이터를 제시하는 사람은 더 논리적인 사람으로 인식된다.

누구에게나 도움이 되는 데이터

데이터는 이제 특정 분야뿐만 아니라 모든 분야, 모든 사람에게 필요하게 되었다.

이를테면 소비자인 당신도 데이터의 도움을 받는다. 우리는 온라인에서 물건을 살 때 사고 싶은 제품을 장바구니에 담아둘 수도 있고, 관심을 가졌던(클릭을 했던) 제품을 따로 저장해놓을 수도 있다. 다음번에 그 웹사이트를 다시 방문하면 당신이 샀던 제품과 유사하거나 필요할 것 같은 제품을 맨 앞에 보여주기도 한다. 이 모든 일을 데이터가 돕는다. 소비 후 받는 영수증 또한 일종의 데이터다.

일을 하는 당신에게도 데이터는 도움이 된다. 보고서를 쓸 때 데이터는 당신의 의견을 뒷받침해주며 더 논리적이고 깊이 있는 분석을 할 수 있게 도와준다. 또한 의사결정자들이 그 보고서를 토대로 더 합리적인 결정을 내릴 수 있게 한다. 데이터 자체가 새로운 서비스로 탄생할 수도 있고, 데이터를 바탕으로 신제품 아이디어를 내놓을 수도 있다.

데이터 중심 사고는 점점 더 중요해지고 있다. 2010년 스마트폰의 등장은 온라인과 오프라인의 경계를 허무는 중요한 변

영수증은 대상에 따라 다른 데이터로 변한다. 회사에서는 매출로, 가게에서는 매상으로, 소비자에게는 가계부로 바뀔 수 있다.

곡점이 되었고 이후 10년 남짓한 시간 동안 핸드폰의 용도는 단순한 통화 기능을 넘어 정보 검색, 물건 구매 등 다양한 영역으로 확장되었다. 이렇게 일상생활과 모바일이 더 밀접하게 연결되면서 과거보다 많은 데이터가 쌓이고 있다.

이제 웬만한 브랜드들은 대부분 공식 웹사이트와 앱을 가지고 있다. 여기에서 수집되는 온라인 데이터는 그동안 시간과 인력 부족으로 분석되지 못한 채 사라져버리는 경우도 많았으나 분석 관련 기술이 발달하면서 구글 애널리틱스 등을 사용해 비

전문가들도 웹/앱의 데이터를 확인할 수 있게 되었다.

그중에서도 위치 기반 서비스를 제공하는 앱들은 온라인과 오프라인이 얼마나 밀착되어 있는지를 잘 보여준다. 특정 매장에 방문한 시점과 체류 시간 그리고 마케팅 서비스 사용 유무까지도 파악이 가능하다. 스타벅스 앱의 '사이렌 오더' 시스템은 온라인과 오프라인의 데이터가 함께 쌓이는 유명한 사례다. 또 드라이브 스루 같은 특정 매장에서는 자동차의 입차와 출차 기록으로 구매 소요 시간 등을 자동으로 측정해 서비스의 속도와 질을 개선하는 데 활용하기도 한다.

온라인과 오프라인을 구분해 소비자를 분석하는 것은 이제 시대에 뒤처지는 일이 되었다. 또한 데이터 양의 폭발적인 증가에 따라 데이터 분석 요구 역시 자연스럽게 증가했으며 이런 요구는 앞으로도 더욱 늘어날 전망이다.

데이터는 경쟁력을 좌우한다

종종 업계 사람들과 얘기를 나누다 보면 생각보다 데이터 전담 부서를 둔 회사가 많지 않음을 알게 된다. 물론 데이터가 필수인 IT기업은 논외지만 소규모 기술 스타트업 같은 경우에도 데이터 분석과 관련된 일을 전담하는 팀이 따로 없는 경우가 많다.

이 같은 차이는 데이터 보유 여부와 기업의 생태가 다르기 때문에 생긴다. 웹이나 앱에서는 고객이 클릭하는 행동 자체가 자연스럽게 데이터로 쌓인다. 누가 클릭하는지 관찰하고 기록할 필요 없이 저절로 데이터가 되기 때문에 필요에 따라 그 데이터를 저장하고 분석할 수 있다.

특히 IT업계에서 데이터는 생존을 위해 필수적인 존재다. 온라인에서 상품을 판매하는 사이트는 고객 유입이 가장 많이 일어나는 시간대, 클릭 수가 가장 많은 카테고리를 분석하는 것이 수익으로 직결된다. 고객이 언제 어떤 과정을 거쳐 무엇을 장바구니에 담고 구매하는지 분석하지 않을 수 없다.

하지만 웹이나 앱을 가진 회사라고 해서 그 데이터를 모두 활용하는 것은 아니다. 고객이 클릭하거나 구매하는 데이터가 기록되어도 데이터 분석과 수익은 상관없다고 생각할 수 있다. 제품의 판매가 매출로 이어지는 것이지, 데이터를 분석하는 것 자체는 매출이 아니기 때문이다.

그럼 오프라인 매장만 있는 회사는 어떨까. 고객이 구매하는 것은 영수증 데이터로 남지만 고객이 뭔가를 사러 왔다가 그냥 나갔는지, 어느 진열대 앞에 얼마나 머물렀는지 같은 데이터는

데이터 분석과 매출의 관계 \ 데이터 보유 난이도	쉬움	어려움
높음	**A그룹** (포털, IT서비스, e커머스 기업 등)	**B그룹** (자체 멤버십이 없거나 멤버십이 있어도 전체 구매를 설명하기 어려운, 신제품 개발이 잦은 B2C 기업 등)
낮음	**C그룹** (웹/앱 개발 에이전시, 단순 시스템/플랫폼 제공 기업 등)	**D그룹** (자체 멤버십이 없거나 B2B 중심, 기술·제도적 제약이 많은 기업 등)

기업마다 데이터의 중요성과 데이터에 대한 접근성이 다르다. 데이터로 새로운 가치를 만들어내고 싶다면 자신의 기업이 어떤 유형인지 알고 데이터를 더 쉽게 모을 방법을 고민해야 한다.

일부러 기록하지 않는 이상 얻을 수가 없다. 매장 상황은 데이터로 남지 않고 판매원의 기억에만 존재한다. 그러다 보니 매출 외의 데이터를 분석하기가 쉽지 않다. 데이터 보유 자체가 어렵기 때문이다.

이렇듯 기업 유형에 따라 데이터 보유 난이도 및 데이터 분석과 매출의 상관관계가 달라진다. 만약 현재 자신의 기업이 데이터를 보유하기는 어렵지만 데이터 분석이 매출에 큰 영향을 미친다면 어떻게 해야 데이터를 더 쉽게 모을 수 있을지 그 방법을 고민해야 한다. 데이터 필수 시대에는 데이터가 곧 기업의 경쟁력을 좌우하며, 데이터로 새로운 가치를 만들어내기 위해서는 먼저 데이터를 갖는 것이 필수적이기 때문이다.

모든 것이 데이터가 된다

———

요즘은 데이터 수집과 적재, 분석이 과거에 비해 좀 더 쉬워졌다. 상대적으로 저렴하게 더 많은 데이터를 보관할 수 있고, 데이터 관련 시스템과 도구에 전문가뿐 아니라 더 많은 사람들이 접근할 수 있다.

또 앞서 언급했듯 오프라인과 온라인의 경계가 모호해졌다. 여전히 오프라인 매장이 전체 소비 시장의 70% 이상을 차지한다고는 하지만 온라인의 상승세가 가파르다. 온·오프라인의 경계를 허문 소셜커머스를 주축으로 한 O2O Online to Offline 나 스타벅스의 사이렌 오더, 교보문고의 바로드림 서비스 등과 같은 옴니채널Omni channel 개념이 등장하기 시작했다. 대형 마트나 백화점도 온라인 주문과 배송 서비스를 빠르게 확장하고 있다. 오프라인 매장의 예약 시스템을 제공하는 웹/앱처럼 오프라인 이용의 편의를 돕는 온라인 서비스를 제공하는 스타트업도 많아지고 있다.

온라인과 오프라인에서 제공하는 모든 서비스는 소비자가 하나의 브랜드에 접근하는 다양한 방법 중 하나일 뿐이다. 하나의 그룹 안에서 별도의 법인이라 할지라도 소비자들은 굳이 그 둘을 구분하지 않을뿐더러 구분할 필요도 없다.

이렇게 온라인과 오프라인의 경계가 허물어지면서 데이터는 더욱 빛을 발하게 되었다. 가장 큰 이유는 분석할 수 있는 데이터가 폭발적으로 증가했기 때문인데, 오프라인 매장에서는 좀처럼 얻기 어려웠던 데이터들이 웹/앱에서 소비자가 활동한 흔적으로 남기 시작했다. 또한 각종 데이터가 '멤버십'이라는 이름으로 더 유기적으로 연결될 수 있었다.

기술은 지금까지 생각하지 못했던 데이터들도 만들어냈다. 예를 들어 일정 기간 동안 특정 브랜드가 몇 번 언급되었는지 빠르게 계산할 수 있게 되었고, 대중교통을 이용하는 유동 인구 수도 쉽게 얻을 수 있다. 하나의 사진 속에 사람이 몇 명 있는지, 어떤 색이 많은지도 간단하게 판별한다. 인간이 하는 활동의 거의 모든 것을 수치화하고 데이터로 바꿀 수 있는 시대가 되었다

해도 과언이 아니다.

　이와 관련해 평소 좋아하는 문장이 하나 있는데, '피타고라스의 법칙'의 그 피타고라스가 했다는 말이다.

만물은 수數다.

　실제로는 좀 더 다양한 의미를 담고 있지만 지금의 시대를 단적으로 잘 설명하는 말이라고 생각한다. 우리는 모든 것이 데이터가 될 수 있는 세상을 살고 있다.

　만물이 수가 되는 상황을 실생활에서 생각해보자. 당신은 다이어트를 하기로 마음먹었다. 매일 운동도 하고 식단 조절도 했다. 그런데 아무리 체중을 재봐도 무슨 이유에선지 체중은 그대로다. 배도 고프고 운동하느라 힘도 들고 뭐가 문제인지도 잘 모르겠다. 그러다 보니 다이어트를 하기로 한 결심을 이어가지 못하거나 참지 못하고 다시 폭식을 해 요요가 오기도 한다. 얼마 지나 다시 살을 빼고 싶어졌을 땐 지난번 다이어트에 왜 실패했는지 잘 기억이 나지 않는다.

　이제는 다양한 데이터가 당신의 다이어트를 보조해준다. 매일 들고 다니는 스마트폰은 기본적으로 당신의 걸음 수나 당신

활동

앉아 있는 시간을 줄이고, 되도록
몸을 움직여 보세요.

오늘

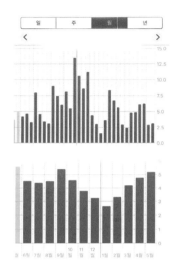

스마트폰에서 제공하는 활동 데이터. 내가 스마트폰을 들고 이동하기만 해도
이동 거리를 계산해준다. 아주 정확하지는 않더라도 전체적인 경향을 살피는
데는 유용하다.

이 움직인 거리를 기록해준다. '눔Noom'과 같은 모바일 헬스 케
어 서비스는 당신이 오늘 먹을 음식이 몇 칼로리인지, 많이 먹
어도 되는 음식인지 아닌지 알려준다. 스마트 체중계는 내가 체
중계에 올라가기만 해도 몸무게가 몇 킬로그램인지, 지난번에
쟀을 때보다 몸무게는 얼마나 줄고 근육량은 얼마나 늘었는지
자동으로 계산해준다. 체중계와 연동된 앱을 통하면 기초대사

량까지 추정해준다. 연달아 측정하면 조금씩 오차가 있기는 하지만 꾸준히 사용하면 몸의 체성분 변화도 파악할 수 있다.

내가 체중을 줄이지 못한 이유가 무엇인지 — 너무 적게 움직인 건 아닌지, 너무 단 음식만 먹은 건 아닌지, 굶기만 한 건 아닌지, 살이 빠진 것처럼 보이지만 근육은 전혀 늘지 않았는지 — 저절로 기록된다. 이 기록들을 보유한 기업은 데이터 분석을 통해 내 신체 상태를 관리한다.

2장

데이터 사이언티스트의 역할

이 시대에 꼭 필요한 전문가들

이렇게 데이터 필수 시대에 접어들면서 데이터 전문 인력이 등장했다. 데이터와 현실을 연결하는 사람, 데이터로 새로운 가치를 만들어낼 수 있는 사람, 전례 없이 쌓이고 있는 데이터 금광에서 금을 캐낼 수 있는 사람. 이런 역할을 하는 사람이 바로 데이터 사이언티스트다.

데이터 사이언티스트의 역할을 하나로 딱 잘라 말하긴 어렵다. 비유하자면 변호사와 비슷하다. 변호사는 법률 전문가로서 어느 로펌에 소속되어 어떤 분야의 업무를 담당하느냐에 따라 다른 일을 한다. 기업의 인수 합병 법률 전문가도 있고 이혼 소송 전문가도 있다. 마찬가지로 데이터 사이언티스트는 데이터 전문가이지만 어떤 회사에서 어떤 프로젝트를 맡느냐에 따라 무수한 역할을 담당한다.

지금까지 데이터 전문가가 없었다고 말할 수는 없다. 또 데이터 사이언티스트만이 데이터 전문가라고 할 수도 없다. 기술 역량이 뛰어난 데이터 엔지니어, 분석과 모델링*을 주로 하는 데이터 애널리스트, 기획과 전략 방향 설정에 집중하는 비즈니스 애널리스트, 브랜드와 제품의 성장 원인을 추적해 찾고 효율을 극대화하는 그로스 해커Growth Hacker 등도 데이터 사이언티스트와 완전히 무관한 일을 하지는 않는다.

시대 흐름상 데이터 사이언티스트라는 특정 직업이 대두되었고 이 직업을 '데이터 전문가'의 또 다른 이름으로 부르고자 하는 것이다.

딱 잘라 구분하기는 어렵지만, 데이터를 활용해야 하는 하나의 프로젝트에서 이 직업군들의 역할은 조금씩 나뉜다. 먼저

---

* 어떤 상황이나 주제를 설명할 수 있는 수학 모델mathematical model 등으로 만드는 기법. 예를 들어 앞으로의 매출 추세를 예측하는 그래프를 만드는 것도 모델링의 일종이다.

'데이터 엔지니어'는 대용량의 데이터를 쌓고 기술적으로 활용될 수 있게 한다. 데이터 프로젝트에서 데이터 사이언티스트와 자주 함께 일하는 직군 중 하나이며 데이터 사이언티스트 중에는 데이터 엔지니어 출신도 많다.

'데이터 애널리스트'는 금융권에서도 사용되는 이름으로 데이터를 분석해 시장 전망과 같은 수치를 만든다. 데이터 엔지니어에 비해 높은 기술력이 요구되지는 않는다. 비즈니스 애널리스트는 데이터 애널리스트와 유사하지만 경영 측면에서 의사 결정을 내리기 위한 전략 기획 관련 지표들을 주로 분석한다. 데이터 애널리스트가 기업의 다양한 데이터를 분석할 수 있는 사람이라면 비즈니스 애널리스트는 경영 관점에 따른 해석에 좀 더 초점을 두는 직무다.

'그로스 해커'는 성장Growth과 해커Hacker의 합성어로 데이터 사이언티스트처럼 새로운 개념으로 등장한 직업이다. 진짜 해커는 아니지만 기업의 성장과 판매를 높이는 요인을 해커처럼 파헤쳐 기업의 성장률이나 판매율을 높일 수 있는 방안을 찾는 데 집중한다. 예를 들어 웹사이트에 어떤 변화를 주었을 때 판매율이 얼마나 높아지는지 알아내고 그 변화를 바로 다음 단계에 적용해보는 것이 그로스 해커가 하는 일 중 하나다.

'데이터 사이언티스트'는 이런 데이터 전문가들과 유사한 일도 하고 조금 다른 일도 한다. 앞서 말했듯 현실과 데이터를 연결하는 데 중점을 두는 데이터 전문가가 데이터 사이언티스트다. 기업에 필요한 비즈니스 인사이트나 마케팅 아이디어를 얻기 위해, 혹은 웹/앱에서 판매를 높일 수 있는 모델을 만들기 위해 데이터를 활용할 줄 알아야 한다. 현장 실무에 대한 사업 감각도 있어야 하고 통계 지식도 있어야 하며 데이터 분석을 구현해내는 기술까지 이해할 수 있어야 한다.

따라서 데이터 사이언티스트는 3가지 영역 즉, 데이터를 분석하는 '기술', 상황에 맞게 '통계'를 적용할 수 있는 지식, 분석의 결과를 해석하고 전달하는 '인문'학적 역량을 각각 일부라도 갖춰야 한다(1명의 데이터 사이언티스트가 3명의 몫을 한다고 생각할 수도 있지만 꼭 그렇지는 않다. 이 내용은 뒤에서 다룰 것이다).

빅데이터를 다루는 기술은 일반적으로 엔지니어들의 역량이 월등히 뛰어날 수밖에 없다. 통계적 지식의 경우 주로 통계나 측정, 수학 관련 전공자들의 영역이었다. 반면 현장에서의 경험치는 인문계 출신들이 좀 더 높았다. 그래서 과거에는 3가지 영역 중 1가지만을 수행하는 사람이 대부분이었지만, 이제는 1가지 영역을 중심으로 인접한 영역까지 확장된 업무가 요구된다.

기술, 통계, 인문의 경계를 넘나든다

앞서 언급했듯 데이터 사이언티스트의 영역은 크게 기술, 통계, 인문 3가지로 나눠볼 수 있다.

대학에서의 전공으로 분류하면 기술 영역을 학습하는 공대는 대부분 이과 계열 전공이다. 통계 관련 전공은 이과 계열과 문과 계열 양쪽에 다 있다. 인문 영역은 최근에 생기고 있는 융합 강조형 신규 전공이 아닌 경우 문과인 인문사회계열 전공이 많다. 회사 안 부서로 보면 기술 영역은 엔지니어가 속한 팀이고 통계 영역은 분석 팀이나 재무 팀, 인문 영역은 마케팅이나 전략 담당 팀에 주로 속한다고 보면 된다.

기존에는 데이터를 보유하고 있고 데이터 분석이 매출로 이어지는 A그룹(26쪽 표 참조)에 속하는 회사인 포털이나 e커머스 기업에 데이터 관련 인력이 집중되어 있었다. 특히 데이터를 분석하는 '기술'이 있는 데이터 엔지니어는 A그룹이 독식한다고 해도 과언이 아니다. 데이터 인력 수요에 공급이 따라가지 못해 인력 자체가 희소하기 때문이다. 아직까지도 관련 기술 전공자 수의 단순 합계보다 기업이 원하는 엔지니어 수가 더 많다.

A그룹 이외의 그룹에 속하는 회사가 데이터 인력을 두는 경

우는 주로 '통계' 데이터 전문가였다. 이들은 매출 분석 프로젝트에 우선 배정되어 특히 매출 예측이나 물류 영역에 더 많은 에너지를 집중했다.

'인문' 영역이라고 볼 수 있는 마케터나 경영 기획 인력은 대부분의 회사에 별도의 부서로 존재한다. 이들도 매출 관련 데이터나 리서치를 활용하지만 실적 이외의 수치 데이터는 쉽게 사용할 수 없었다. 예를 들어 마케팅 부서에서 이벤트를 통해 매출을 올렸다고 해도 어떤 사람이 어떤 경로로 그 상품을 구매했는지는 확인하기 어렵다. 설문 조사 형태로 기록을 남겨 해당 데이터를 보완하는 경우도 있지만 고객의 참여가 그리 높지 않을 가능성도 있다.

이런 구조 때문에 기술, 통계, 인문 각 영역의 전문가들은 별도의 부서에 소속되어 별도의 프로젝트를 담당하는 경우가 많았다. 서로의 영역이 조금씩 겹치기는 했겠지만 처음부터 함께 일하는 경우는 많지 않거나 혹은 회사 특성상 특정 영역의 전문가나 부서가 부족하거나 아예 없는 경우도 있었다.

그런데 데이터의 중요성이 커지면서 이런 영역의 구분이 점차 모호해지기 시작했다. 통계와 인문 영역에 기술이 스며들었고, 통계를 바탕으로 기술 투자나 마케팅 등의 의사결정을 하게

데이터의 관점에서 기술, 통계, 인문은 개별 영역에서 조금씩 맞닿아 있다. 각 분야 전문가들은 인접한 영역으로 조금씩 자신의 역량을 확장시킬 수 있다.

되었으며, 기술을 활용하는 데도 비즈니스 감각이 필요해졌다.

특히 데이터 사이언티스트에게는 이 3가지 영역이 모두 요구되고 있다. 데이터를 분석하기 전 기획과 분석된 데이터 활용에 관한 아이디어를 낼 수 있는 인문학적 감각, 데이터에서 의미를 찾아낼 수 있는 통계적 지식, 빅데이터를 다루는 기술을 한 몸에 지니고 있어야 한다. 한 사람이 3가지 모두를 완벽하게 갖출 수는 없겠지만 적어도 조금씩은 알고 있어야 한다. 그 이유를 지금부터 알아보자.

숫자로 설득해야 한다

3가지 역량을 모두 갖춘 사람들을 대상으로 얘기를 이어나가

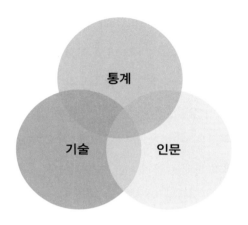

기술, 통계, 인문이 만나는 교집합 부분에서 데이터 사이언티스트의 역할이 강조된다. 각 원의 크기는 사람마다 차이가 있지만 혼자서 세 영역의 합집합까지 모두 아우를 수 있는 슈퍼 천재는 거의 없다.

보겠다. 영역상 교집합을 보면(상단 다이어그램 참조) 자신이 이미 속해 있는 영역과 인접한 영역일수록 역량을 확장하기가 좀 더 수월하다.

데이터 사이언티스트라는 직업 측면에서 보면 기술이나 통계 영역에서 업무를 확장해나가는 이들이 많다. 아무래도 직접 기술을 활용해 데이터를 다루는 역량이 핵심이기 때문에 컴퓨터 과학 혹은 유사 전공자들이 많을 수밖에 없다.

그래서인지 데이터 사이언티스트이면서 문과생이라고 하면

생소하게 생각하는 사람도 있었는데, 이제는 점차 문과생 데이터 사이언티스트의 비율이 늘어나고 있으며 문과생도 데이터 분석에 필요한 기술이나 통계 역량을 갖춰가는 추세다. 여기에 더해 문과생만의 장점을 찾기 위한 노력도 계속해야 한다.

평소 숫자를 볼일이 별로 없는 팀에서 일하는 사람들을 만나 보면 숫자 얘기 자체를 골치 아파하기도 한다. 혹은 분석 결과를 듣고 "그래서 앞으로 뭘 어떻게 해야 하는데?"라는 질문도 곧잘 한다. 이때 얼마나 논리적으로, 이해하기 쉽게 숫자를 설명하는지가 중요하다.

열심히 분석한 결과가 소비자와 시장에 영향을 주기 위해서는 내 옆자리 동료와 임원들을 먼저 설득해야 한다. 아직까지는 설득 방법이 분석 결과와 차트를 담은 문서(보고서) 그리고 이를 설명하는 프레젠테이션인 경우가 많다. 따라서 전문가가 아니어도 파악할 수 있는 일반적인 표현으로 보고서를 만들고 구두로 이해하기 쉽게 보고를 하는 과정이 중요할 수밖에 없다.

분석한 사람이 보고까지 직접 '잘'하는 것은 데이터 프로젝트의 성공 가능성을 높인다. 다른 사람이 한 일은 아무리 잘 이해했다고 해도 완벽하게 전달하기 힘들다. 또 직접 분석을 하지 않으면 의사결정자나 담당자의 질문에 바로 답하기도 어렵다.

이런 측면에서 데이터 분석가가 '의사소통'을 잘하면 얻게 되는 이득이 생긴다.

한번은 스타벅스코리아에서 '빅데이터 세미나'라는 이름으로 여러 프로젝트를 진행했다. 프로젝트 주제에 따른 다양한 분석 과정을 전사의 유관 부서 담당자들과 의사결정자들에게 세미나를 통해 알리는 것이었다. 이 과정에서 나와 팀 동료들은 각자 분석한 자료를 스스로 발표했다. 한 사람이 발표할 수도 있었지만 분석을 맡은 부분을 나누어 발표했고 이를 통해 세미나 질의 과정에서 나오는 질문을 직접 방어할 수 있었다. 물론 더 잘 답변할 수 있는 동료가 있다면 도움을 주기도 했다.

스타벅스코리아에서 함께 일한 팀원들의 특별한 점은 이렇게 '분석부터 보고서 작성, 보고까지 직접 한다'는 것이다. 초기에는 인력이 많지 않아 그랬던 면도 있지만 현재는 분석의 완결성 때문인 경우가 많다.

흔히 대기업에서는 분석 업무를 협력 업체에 외주로 내보내거나 에이전시 혹은 팀의 하위 직급이 만든 보고서들을 이어 붙이는 것으로 대신하는 경우가 많다. 자신이 만들지 않은 자료를 직접 만든 것처럼 가장하는 것이다. 복사와 붙여넣기를 하고 편집하는 과정을 '자신이 한 것'이라고 착각한다. 하지만 극단적으로 말해 남이 쓴 보고서를 편집해 보고서를 만드는 이들은 데이터를 분석하는 데이터 사이언티스트가 될 수 없다. 자료 취합에 집중하는 전략 기획이나 컨설팅은 실제 빅데이터 분석과는 차이가 있기 때문이다.

데이터 분석 결과물이 실제로 사업에 반영되게 하는 것도 데이터 팀의 역할이 될 수 있다. 회사 내부 사람들을 설득하는 데 실패하면 데이터 사이언티스트가 분석에 쏟아부은 시간이 결실을 맺기 어렵다. 성공한 프로젝트만 중요한 것도 아니고 더 나은 결과를 위한 시행착오도 필요하지만 이 모든 과정은 결국 시장과 소비자에 더 좋은 제품과 서비스를 제공하기 위한 것이다.

물론 제품이 실제로 출시되는 데는 관련된 실무 부서의 역할이 훨씬 크고 중요하다. 데이터 사이언티스트의 역할은 손으로 만질 수 있는 제품과 서비스를 직접 만드는 것이 아니기 때문에 회사에서 그 역할을 하는 사람들에게 도움이 되는 분석을 해야만 한다. 따라서 이들에게 데이터가 정말 도움이 될 수 있도록 전달하고 설득하고 성과 분석까지 함께해야만 진짜 데이터가 일했다고 볼 수 있다. 일례로 스타벅스코리아가 실시한 제주 지역 특화 상품 개발 프로젝트에서는 데이터 분석 결과가 인사이트로 전달되고 개선되는 과정이 반복적으로 이루어졌고, 그 결

스타벅스코리아의 제주 지역 특화 상품 개발 프로젝트는 데이터가 '진짜로' 일한 사례 중 하나다.

과를 바탕으로 2017년 제주 지역 한정판으로 제품 9종이 출시되었다. 고객이 선호하는 특산물인 감귤, 한라봉, 말차, 당근 등을 한라산, 현무암 등의 키워드를 뽑아 접목시켰고 이 과정에서 '제주 한라봉 그린티 셔벗'과 '당근 현무암 케이크', '한라봉 오름 데니쉬' 등이 개발되었다.

그럼 데이터가 분석된 상태로만 머무르게 하지 않으려면 데이터 사이언티스트는 무엇을 해야 할까?

데이터 사이언티스트 A는 매장 위치와 해당 지역 날씨에 따른 매일의 매출 데이터를 분석했다. 그리고 그 결과를 분석 팀이 아닌 다른 팀에게 아래와 같이 설명했다.

A: 건물 내부 매장과 길거리 매장을 비교해보니 날씨 변수에 따라 매출 차이가 ○○% 있습니다. 이 모델은 .05 수준에서 유의미했습니다.

다른 팀: 네…(대충 느낌은 알겠는데, 정확히 무슨 말이야?)

A는 꽤 훌륭한 분석을 해냈다. 매장 위치와 날씨를 모두 고려해 까다로운 빅데이터를 분석했고, 기업에서 가장 중요한 데이터인 매출과의 관계를 찾아냈다. A는 새로운 발견을 하게 되어 기뻤고 팀 동료들과 팀장님도 A에게 의미 있는 분석 결과라는 피드백을 줬다. 그런데 제품/서비스 기획 팀에게, 매장 운영 팀에게 이 결과물을 준다면 그들은 이제 어떻게 해야 할까.

A는 말한다.

A: 매장별로 전략을 다르게 세워야죠. 유의미한 매출 차이가 있었잖아요.

매장별로 어떻게 달라야 할까? 날씨에 따라서는 어떻게 달라야 할까?

A: 얼마나 구체적인 전략까지 보여줘야 하나요? 그럼 제가 직접 제품 기획 일까지 하는 건데, 그럴 필요가 있나요?

틀린 말은 아니다. 각 팀마다 고유의 역할이 있고, 그 일은 해당 팀에서 하는 것이 맞다. 하지만 A가 발견한 데이터 사이언티스트의 결과물이 빛을 발하려면 어느 정도는 타 부서가 이해할 수 있는 언어로 설명하는 과정이 필요하다.

길거리에 있는 매장은 비나 눈이 올 때 매출이 ○○% 감소해요. 그런 날씨에도 고객들이 방문할 수 있도록 마케팅 전략을 제공하면 좋겠어요. 혹은 비나 눈이 올 때 건물 안에 있는 매장에서 매출을 더 많이 일으켜 전사 매출 균형을 맞추는 방법도 있어요. 비가 올 땐 특히 ○○ 제품이 더 잘 팔리고, 눈이 올 땐 ×× 제품이 더 잘 팔리니 일시적으로 이런 제품을 노출하는 방법도 있습니다.

이렇게 구체적인 제언을 해줘야 한다.

데이터 사이언티스트는 실제로 제품을 만들거나 마케팅을 진행하거나 운영을 하는 팀에 있는 현장 실무자와 많은 대화를 나

비가 오는 날 우산을 쓴 상태로 쇼핑해야 할 때 당신이라면 어디에 위치한 매장에 가고 싶은가? 혹은 비가 오는 날에는 아예 쇼핑하러 나가고 싶지 않은가?

뭐야 한다. 그들이 무엇을 고민하는지, 무엇을 알고 싶은지 많이 들어야 한다. 거기에서 분석 아이디어가 나올 수도 있고, 분석 결과 중 무엇을 강조해야 할지 알 수도 있다. 그렇다고 그들이 원하는 숫자만 가져다주라는 것은 아니다. 고민의 본질을 이해해야 한다는 뜻이다. 인문계 출신 데이터 사이언티스트는 이런 측면에서 좀 더 강점을 가질 수 있다.

나는 대학원에서 소비자 심리학을 전공했다. 소비자 심리학은 사회과학대학에 속해 있고 행동경제학과 궤를 같이한다. 실험 연구와 통계분석으로 소비자의 행동 데이터를 분석하기 때문에, 10년 동안 소비자 심리학을 전공하면서 자연스럽게 통계와 인문 영역의 역량을 갖추게 되었다. 그리고 데이터 사이언티스트 중에서도 특히 인문 영역에서 장점을 지닌 사람이 될 수 있었다.

물론 경영 측면에서의 분석 기획이나 커뮤니케이션 역량을 '인문계'라서 갖고 있다는 건 비약일 수도 있다. 엔지니어 중에도 사업 감각이 뛰어난 사람이 많다. 하지만 군이 전공을 나눠 보자면 인문 계열 전공자가 이공 계열 전공자보다 기획이나 커뮤니케이션 역량을 개발해왔을 확률이 좀 더 높다. 이공계가 기술을 공부하는 데 들이는 시간이 많은 것처럼 그들도 자신의 전공에 더 많은 시간을 들여 공부했을 테니 말이다.

문과생 데이터 사이언티스트가 10살 때부터 코딩을 하던 IT인들만큼 코딩할 수 없다면 인문학적 영역에서 두각을 나타내야 하는 것은 어쩌면 당연한 일이다. 그 장점을 더욱 극대화하고 강화하라는 것이다.

마커스 버킹엄과 도널드 클리프턴 공저의 《위대한 나의 발견 강점 혁명》(청림출판, 2005)이라는 책이 있다. 이 책의 골자는 나만의 강점을 찾고 그 역량을 더욱 키우라는 것이다. 자신이 부족한 부분을 채우는 데 시간을 들이는 것보다 잘하는 일을 더 잘하게 만드는 것이 훨씬 더 효율적이라는 관점이다.

문과 전공 데이터 사이언티스트라면 뒤늦게 기술을 접하고 배우는 시간도 반드시 필요하다. 하지만 내 경우 데이터 사이언티스트로서의 강점과 차별성은 소비자 심리학을 전공하면서 얻은 통찰력에서 비롯됐다. 이 책을 읽는 독자 중 지금 빅데이터를 공부하는 사람이 있다면 자신만의 전공과 관점을 소중히 여기길 바란다. 전공을 잘못 선택한 것 같다고 후회하지 않아도 된다. 언젠가 그 공부가 당신만의 장점이 될 날이 올 것이다.

숫자와 현실을 연결해야 한다

여러 번 반복하지만 데이터 사이언티스트가 하는 일의 핵심은 숫자와 현실의 연결이다. 현실을 바라보는 인간의 언어와 데이터 사이를 잇는 가교 역할을 한달까.

여기서 현실이란 언어로 표현할 수 있는 현상들을 말한다. '사람들이 A라는 걸 좋아한다', '길가에 B가게가 생겼다', '요즘 들어 C가 자주 보인다' 같은 문장들은 굳이 데이터가 없어도 사람들이 인식하고 언어로 표현할 수 있다.

현실을 서술한 이런 문장들은 또 다른 문장들로 이어질 수 있다. 'A를 좋아하는 사람들이 얼마나 늘었지?', 'B가게가 생기면서 옆 가게는 어떻게 됐지?', 'C가 자주 보이는 이유는 뭐지?'

문장은 얼마든지 더 늘어날 수 있다. 'A를 좋아하는 사람들이 D를 좋아하게 만들 수는 없을까?', 'B가게가 E상권과 영향을 주고받았는지 확인할 수 없을까?', 'C를 갖고 있는 사람들은 어떤 사람들이고, 그들에게만 따로 F의 광고를 할 수는 없을까?'

이에 대한 답을 데이터에서 찾을 수 있으려면 먼저 관련 데이터가 존재해야 한다. 일치하는 데이터가 없다면 논리적으로 추리할 수 있는 다른 데이터를 찾아야 한다. 그리고 그 데이터들을 의미 있게 분석할 수 있어야 한다. 데이터 사이언티스트는 이런 일들을 해낸다.

그러므로 데이터 사이언티스트의 일은 현실을 정의하는 데서부터 시작한다. 현실을 어떻게 정의하느냐에 따라 데이터와의 연결 고리도 구상할 수 있다.

기업에서 데이터 사이언티스트가 현실을 정의하기 위해서는 의사결정자들의 문장을 파악하는 것이 중요하다. 기업의 의사결정자들은 기본적으로 매출이나 경영지표를 자주 접하기 때문에 숫자 감각이 좋은 경우가 많다. 기업의 다른 사람들보다 비교적 쉽게 데이터 분석 차트를 이해하고 소화할 수 있다는 뜻이다. 하지만 데이터 분석 결과를 본 뒤 경영자의 입장에서 궁금한 점들이 생길 수 있다. 평소 고민이 많았던 사람이라면 궁금한 점은 꼬리에 꼬리를 물고 이어진다.

데이터 분석의 첫 단계는 인간의 언어에서 시작된 질문을 어떻게 숫자로 만들어낼지 탐색하는 일이다. 데이터 사이언티스트가 갖고 있는 것은 이미 정리된 데이터가 아니라 작은 단위의 데이터인 경우가 많다. 말하자면 월 매출이 아니라 영수증 단위의 데이터가 주어진다. 데이터 사이언티스트는 이 영수증들을 어떻게 조합해야 원하는 결과물을 얻을 수 있을지 아이디어를 내야 한다. 그리고 이를 직접 코딩으로 풀어낼 수 있어야 한다.

서비스 아이디어를 예로 들어보자.

지금 매장에서 가장 잘 팔리는 제품 순위를 소비자가 앱에서 바로 볼 수 있으면 좋겠어요.

여러 가지 기술적 지원이 필요하겠지만, 데이터 사이언티스트가 정의해야 하는 현실은 위의 문장에 다 담겨 있다.

처음에는 사람의 언어와 데이터 사이에 관계가 없다. 둘 사이의 연결 고리를 만드는 것, 둘 사이에서 통역을 해주는 것이 데이터 사이언티스트의 역할이다.

먼저 '지금'을 정의해야 한다. 가장 잘 팔리는 제품의 순위를 매길 시간대가 필요하므로 1시간 이내인지 혹은 3시간인지, 하루인지, 일주일인지 기준을 정해야 한다. 이어 '가장 잘 팔리는 제품'을 정의하기 위해 '지금'으로 정의한 시간대에 팔린 제품들의 수량을 집계해 순위를 매겨야 한다. 만약 제품의 재고가 없다면 제외해야 한다는 조건들도 붙을 것이다.

'제품'에 대한 정의도 필요하다. 어떤 범주의 제품들로 한정 지을 것인지, 만약 과일이라면 과일의 종류를 보여줄지, 포장 단위를 보여줄지, 낱개 단위로 보여줄지 등도 정의해야 한다.

뿐만 아니라 소비자 개인이 방문한 매장의 순위를 볼 수 있게 해야 할지, 전국 순위로 해야 할지 등도 정해야 한다. 혹은 소비자 성향별로 비슷한 특성을 지닌 다른 고객이 선호하는 것들만 보여줄 수도 있고, 그러기 위해 별도의 기준과 분석도 필요하다.

한 문장에 들어 있는 여러 아이디어와 조건을 해당 부서와 함께 커뮤니케이션하면서 정리한 뒤에는 실제로 데이터 결과물을 확인해가며 코딩하는 작업이 필요하다. 데이터 사이언티스트는 이 과정에서 다양한 난이도의 일을 하게 된다.

무엇보다 아이디어를 숫자로 확인하는 습관을 가져야 한다. 이를 위해 간단한 문장부터 구체화할 필요가 있다.

소비자가 자주 구매하는 게 무엇일까요?

여기에서 소비자는 한 개인인가, 구매한 사람 전체인가? 자주는 하루에 한 번인가, 일주일에 몇 번인가? 한 종류의 제품을 자주 구매하는 것일까, 아니면 그냥 우리 회사 제품 전체를 자주 구매하는 것일까?

데이터로 확인할 수 있는, 가능한 많은 경우의 수들을 고민해보고 질문한 사람과도 이런 조건에 관해 많은 대화를 나눠야 한다. 그래야 진짜로 궁금했던 내용의 해답을 찾을 수 있다.

숫자와 언어 속에서 맥락을 읽어낸다

———

데이터 사이언티스트는 기존의 데이터 분석가에 비해 기술적 역량이 좀 더 많이 요구된다. 하지만 기술 영역에서 어릴 때부터 코딩을 할 줄 알았거나 컴퓨터 공학을 전공한 사람들보다 문과생이 더 뛰어나기는 어려운 일이다. 특정한 한 분야에서 일하던 사람이 다른 모든 분야에서도 일류의 역량을 갖추기는 힘들다. 전공자가 아닌데 단 몇 달 만에 높은 수준의 기술을 터득할 수 있다면 세상이 너무 불공평하게 느껴지지 않을까.

그럼 문과생 데이터 사이언티스트는 기술 영역에서 영원히 해당 전공자들에게 뒤처지기만 해야 하나? 인문 계열 전공자들은 결국 뛰어난 데이터 사이언티스트가 될 수 없는 걸까?

문과생에게 희소식이 있다면 데이터 사이언티스트에게는 인문학적 소양도 반드시 필요하다는 것이다. 데이터 사이의 맥락을 파악하고 어떤 목적을 위해 어떻게 데이터를 구성할지 아이디어를 낼 수 있어야 하기 때문이다.

예를 들어 최근 텍스트 마이닝Text Mining 즉, 사람이 언어로 말하는 것들을 데이터로 변환해 분석할 수 있는 기술이 발달하고 있다. 비정형 데이터인 언어는 각진 표 안에 잘 정리되어 있는 숫자 데이터보다 훨씬 다루기 어렵다. 표 안에 들어 있는 숫자 개수는 계산하기 쉽지만 문장 안에 들어 있는 단어 개수는 계산하기 어려운 것과 마찬가지다.

하나의 글에서 '예쁘다'라는 단어를 셀 수 있을까? '예쁩니다', '예쁜', '예뻘', '예뻤던' 같은 활용도 다 '예쁘다'에 포함해야 할까? 문장 분석은 이렇게 꽤 까다로운 작업이지만 텍스트 마이닝을 할 수 있게 되면서 소비자가 웹/앱에 올리는 정보에 대한 풍부한 분석이 가능해졌다. 그래도 아직까지는 사람이 하는 것처럼 자연스럽지 못한 게 현실이다. 물론 인공지능의 발달로 컴퓨터가 사람보다 더 정확한 판단을 내릴 수 있게 된 분야도 있다. 의료 분야의 경우 과거 진료 데이터를 기반으로 비교적 정확한 진단이 가능해진 것으로 알려져 있다. 하지만 그 외 일반 기업에서 인공지능은 우리의 기대만큼 완벽하지 않다.

당신이 한 브랜드의 제품 담당자라고 생각해보자. 이번에 정말 맛있는 과자를 만들었다. 과자를 출시한 뒤 사람들의 반응을 알아보고 싶어 인터넷에 떠돌아다니는 소비자의 반응들을 열심히 모았다(크롤링*). 그리고 문장을 단어로 쪼개보았다(형태

---

* crawling. 소프트웨어 등이 웹을 돌아다니며 원하는 정보를 찾아 특정 데이터베이스로 수집해오는 작업이나 기술.

소 분석). 어떤 단어가 나왔는지 분석하고 보니 안 좋은 단어들만 가득했다. '미쳤네', '뭐야', 'ㅜㅜ'와 같이 부정적으로 보이는 단어들이 계속해 등장한 것이다. 당신은 제품에 대한 반응이 좋지 않다고 생각해 불안해지기 시작한다. 그러다 이 단어들이 원래 들어 있던 소비자의 글을 찾아서 읽어보기로 한다.

뭐야 이거 JMT 미쳤네? 멈출 수가 없음. 자꾸 먹다가 살찌겠어ㅜㅜ

문장 전체를 보니 이 글을 쓴 사람은 새 과자를 정말 마음에 들어하고 있다. 하지만 단어로 쪼개놓고 보면 'ㅜㅜ'가 긍정적인지 부정적인지 알 길이 없다. 'JMT'라는 정체불명의 단어도 맥락 없이는 이해할 수 없다. 또 이런 문장들을 어디에서 얼마나 수집할지, 블로그에서 할지 웹사이트 댓글로만 할지 등 (인공지능을) 학습시킬 자료의 범위도 인간이 설정해야 한다.

아직 인공지능으로는 모든 단어의 맥락을 정확히 판별하기 어렵다. 이런 단어들의 의미나 활용을 '학습'시켜야 하는데(머신러닝), 그 학습 자체에 관한 아이디어를 당신이 결정해야 할 수도 있다. 매출을 예측하고 싶을 때, 일자에 요일이라는 특성을

'WOW'라는 단어는 긍정적인 반응인가, 부정적인 반응인가? 어떤 단어들은 단어 자체만으로는 의미를 정확히 파악하기 어렵다. 함께 있는 단어를 연결해서 봐도 마찬가지다. 말의 뉘앙스는 직접 듣고 있는 사람들도 정확히 알기 어려울 때가 있다.

추가할지 말지, 학습시킬지 말지를 결정하는 데에도 아직은 사람의 판단이 필요하다. 보통은 매출 예측에 사용하지 않는 변수, 예를 들어 특정 일자의 고객 상담 건수라는 변수를 추가하고 싶다는 아이디어를 낼 수도 있다. 숫자를 학습하고 예측하고 얼마나 맞는지 말해주는 것은 기계가 하는 일이지만 어떤 숫자들을 학습하도록 제공할지에는 데이터 사이언티스트의 아이디어가 필요하다.

결국 'ㅜㅜㅜ'가 들어간 문장을 무조건 부정적으로 해석할지, 긍정적인 단어들과 함께 있을 땐 긍정적으로 해석하게 할지, 그 기계를 학습시키는 것은 여전히 사람의 몫이다. 이는 기술과 통계 영역에서의 전문성만으로는 가능하지 않다. 인문학적 소양은 바로 이렇게 데이터 사이언티스트가 어떤 목적성을 갖고 기술을 활용할지 아이디어를 내는 데 도움이 된다.

앞으로 데이터 사이언티스트는 데이터와 관련된 모든 프로젝트에서 데이터 전문가 역할을 하는 사람이 될 것이다. 데이터 사이언티스트는 고정된 역할만 하지 않는다. 데이터에서 가치를 찾고 기업에 도움이 되는 일이라면 무엇이든 해낸다. 결국 데이터 사이언티스트가 될 수 있는 왕도는 따로 없는 셈이다.

지금부터 데이터 사이언티스트라는 직업에 대해 좀 더 구체적으로 살펴보려 한다. 실무에 필요한 역량에 대해 먼저 짚고, 그를 바탕으로 어떻게 실제 프로젝트를 진행하는지에 대한 얘기들이다.

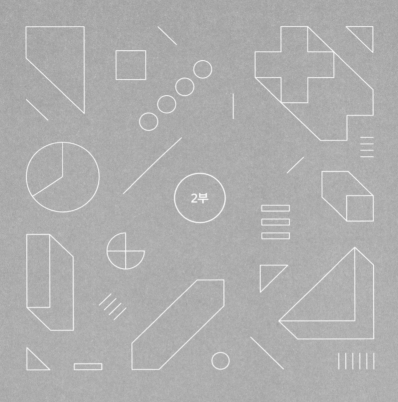

2부

기술보다 먼저 익혀야 할 것들
: 데이터 사이언티스트의 역량

3장

문과생 데이터 사이언티스트의
기초체력 다지기

정도가 아닌 길을 걷는 이들에게

현재 내 직업은 데이터 사이언티스트이지만 어릴 때부터 이 직업을 꿈꾼 것은 아니었다. 그도 그럴 것이 대학 입학 전에는 단어조차 들어보지 못한 일이었으니 말이다. 그저 좋아하는 일을 찾아서 조금씩 영역을 넓히다 보니 지금 이 자리에 오게 됐다.

주로 하는 일은 데이터 분석이다. 넘쳐나는 데이터를 여러 기술을 사용해 분석하고, 통계적으로 모델을 만들고, 인사이트를 찾아내고, 함께 일하는 사람들에게 전달한다. 요즘엔 이런 일들을 하는 사람을 데이터 사이언티스트라고 부른다. 앞으로 다른 이름으로 불리게 될지는 모르겠으나 하는 일의 핵심은 비슷할 것 같다. 따라서 데이터 사이언티스트라는 이름 자체가 중요한 것은 아니다. 시대에 따라 유행하는 단어나 대중에게 부각되는 이미지는 있겠지만 본질적으로 데이터를 분석하고 인사이트를 찾고 전달하는 일의 중요성은 변하지 않는다.

나는 데이터 사이언티스트 중에서는 이력이 조금 특이하다는 얘기를 종종 듣는다. 소비자 심리학 박사학위가 있는, 사회과학 대학에서 공부한 '문과생'이라 더 생소하게 보는 것 같다. 말하자면 데이터 사이언티스트가 되기 위한 정도를 걷지는 않은 셈이다.

이번 장에서는 나처럼 정도가 아닌 길에서 데이터 사이언티스트가 되고자 하는 이들에게 도움이 될 만한 얘기를 해보려 한다. 그렇다고 내 경험대로만 하면 누구든 높은 확률로 데이터 사이언티스트의 일을 할 수 있다는 것은 아니다.

다만 '데이터를 분석하는 일 자체'를 고민하면서 영역을 넓혀 왔던 과정을 공유하다 보면 그 과정에 있는 사람에게 조금이라도 도움이 되지 않을까 생각한다.

외국어를 배우듯 코딩을 배워라

문과생들은 데이터 사이언티스트가 되려면 어떤 공부를 해야 하는지 질문하면서 특히 코딩에 관한 고민을 많이들 털어놓는다. 요즘엔 초등학생들도 코딩을 배운다고 하는데, 코딩도 언어의 일종이기 때문에 영어를 배우는 것과 비슷한 과정이라고 생각하면 접근하기가 조금 쉬워진다.

영어를 배우는 과정을 생각해보자. 당신은 영어를 그다지 잘하지 못하는 상태에서 토익 시험을 보려고 한다. 일단 서점에 가서 토익 교재를 하나 사거나 토익 학원에 등록해 학원 교재로 공부를 시작한다. 처음엔 동사의 유형이나 문장의 형식 같은 기초 문법을 공부한다. 그리고 실전에 들어가면 기출문제와 비슷한 유형의 문제들을 풀어볼 것이다. 그렇게 차근차근 공부해 수개월 뒤 토익 시험을 무사히 마친다. 그런데 토익 시험을 봤다고 해서 영어를 유창하게 말하거나 쓸 수 있게 됐을까? 토익 성적은 얻었어도 직접 말을 하는 데는 여전히 어려움을 느낄 수 있다.

코딩도 시험용 영어처럼 접근해 가르치는 학원들이 많이 생겼다. 비교적 쉬운 SQL을 예로 들어보면 be동사를 배우듯 처음에 'SELECT'가 무엇인지 배운다. SQL에서 SELECT는 특정 데이터 테이블에서(FROM) 어떤 데이터를 선택할 때 쓴다. 초보자라면 데이터를 보기 위한 SELECT와 FROM을 배우는 첫 단계부터 시작해 SQL 언어를 배워갈 것이다. 다음엔 샘플 데이터로 몇 가지 예제를 작성해볼 것이다. 교재에 나온 것과 똑같은 결과물이 나오면 이제 코딩을 할 줄 알게 된 것만 같다. 하지만 회사에서 실제 데이터를 적용해보려니 어디서부터 뭘 해야 할지 모르겠다.

필요할 때 막상 영어를 쓰려고 하면 잘할 수 없듯 코딩도 무작정 이론을 배운다고 실전에서 사용할 수 있는 건 아니다. 그래서 '데이터의 목적'이 중요하다.

영어로 이력서를 써야 한다고 가정해보자. 목적이 확실하고 써야 할 내용도 명확하다. 먼저 한글로 이력서를 쓴 뒤 누군가에게 번역을 부탁할 수도 있고, 내가 스스로 영어사전이나 번역기를 활용해 쓸 수도 있다. 문법적으로 완벽하지 않더라도 이력서의 모양을 갖춘 영어 문장을 쓰게 된다. 토익 공부보다는 적은 시간 안에 결과물을 만들어낼 수 있다.

코딩도 마찬가지다. 데이터로 무엇을 할지 명확한 목적이 있어야 한다. 코딩의 결과 즉, 무슨 결과물을 얻어야 할지가 분명

결과물을 상상할 수 있을 때 언어를 더 빠르게 배울 수 있고, 데이터에 목적이 있을 때 데이터를 더 빠르게 분석할 수 있다.

하면 차근차근 코딩을 공부할 수 있다. 영어 이력서 샘플을 구한 다음 자신의 이력을 넣어 응용하는 것처럼 교재나 인터넷 샘플을 이용하는 것도 좋다. 어쨌든 데이터의 '목적' 없이는 그저 영어 문법을 배우던 시간과 비슷한 학습 과정을 거칠 수밖에 없다.

막연하게나마 코딩을 배우고 싶다는 마음이 있다면 예열은 충분히 한 셈이다.

이제 코딩을 시작하기 전 알고 싶은 문제 하나를 정해보자. 스스로 분석해보고 싶은 주제가 있는가? 데이터로 뭔가 알아보고 싶은 게 있는가? 그럼 그 답을 찾는 데 필요한 데이터 분석 과정을 배워보자. 목적이 생겼으니 더 빠른 길을 찾기 위해 노력하게 될 것이다.

맛있는 요리를 만들듯 통계를 대하라

통계를 얼마나 공부해야 하는지 질문하는 사람들을 많이 만난다. 그중에는 어떤 모델을 아는지 모르는지에 집착하는 사람들도 많다. 하지만 개인적으로 모델 하나를 알고 모르고는 중요하지 않다고 생각하며, 각 모델이 어떤 프로젝트에 사용되어야 하는지 방향성을 아는 것이 더 중요하다고 본다. 어떤 프로젝트에 어떤 종류의 모델이 필요한지 알고 난 후 그때 더 자세하게 공부하는 편이 낫다.

당신이 어떤 통계 모델 하나를 배웠다고 가정하자. 수많은 분석 방법 중 하나를 배운 것이다. 그 모델은 프로젝트에 유용하게 사용될 수도 있고 아닐 수도 있다. 당신의 회사에 반드시 도움이 되는 비기를 찾은 것은 아니라는 말이다.

좀 더 쉽게 요리를 하는 상황에 비유해보자. 당신은 '채썰기'를 배웠다. 회사에 필요한 것은 '깍두기'다. 당신이 채를 잘 써는 방법을 배운 것이 반드시 깍두기를 만드는 데 도움이 되리라고 생각할 수는 없다. 다음에 채썰기가 꼭 필요한 프로젝트가 있다면 그때는 도움이 될 것이다.

또 채썰기가 아닌 깍둑썰기를 배웠다고 해서 깍두기가 맛있어지는 건 아니다. 깍둑썰기 자체만으로 깍두기를 맛있게 만들 수 있는 것은 아니며 다른 재료들도 필요하다. 다만 적정한 크기로 무를 써는 것은 맛있는 깍두기를 만드는 데 중요한 조건이 될 수 있다.

깍둑썰기, 채썰기, 어슷썰기 등의 다양한 방법을 알게 되면 각각의 요리에 필요한 방법으로 재료를 손질할 수 있다. 적절한 재료 손질은 좀 더 맛있는 요리가 될 가능성을 높여준다. 하지만 반드시 그 요리가 맛있어지는 건 아니다. 즉, 재료 써는 기법을 다양하게 아는 것은 좀 더 맛있는 요리를 위해 필요한 조건 중 하나지만 썰기 방법 자체가 요리의 맛을 보장해주지는 않는다.

분석도 마찬가지다. 다양한 통계 모델을 알고 있다면 적절한 프로젝트에 적절한 모델을 사용할 수 있어 좋다. 하지만 하나의 통계 모델을 안다고 해서 반드시 프로젝트가 성공적으로 끝나는 것은 아니며 그 통계 모델이 반드시 회사에 유용하게 사용되리란 보장도 없다.

꽤 자주 '머신러닝'을 사용하느냐는 질문을 받는다. 그럴 때도 있고 아닐 때도 있다. 머신러닝 중 어떤 것을 사용할 때도 있고 사용하지 않을 때도 있다. 각 프로젝트에 맞게 사용하면 될 뿐 머신러닝 자체가 중요하지는 않다.

내 강의에서 소비자 심리학과 전망 이론*을 소개하는 내용을 들은 한 참석자가 그 모델이 당시 자신이 재직 중이던 회사와 맞지 않는 것 같다는 질문을 한 적이 있다. 당연히 그럴 수 있다. 가치 함수는 모든 회사에서 사용해야 하는 모델이 아닐 수 있다. 모델 자체가 모든 프로젝트나 모든 회사에 맞지는 않는다.

어떤 종류의 세미나에 참석하든 문답 시간에 특정 모델 적용을 어떻게 생각하느냐는 질문을 하는 사람들이 있다. 그들에게는 자신이 구체적으로 알고 있는 내용을 질문해 구체적 모델의 적정성을 확인받고 싶다는 마음이 있을 것이다. 그런데 프로젝트의 목적과 데이터의 모양새도 확인하지 않은 채 바로 답을 요구하는 것 자체가 어불성설이다.

통계 툴에 관한 질문도 종종 받는다. 어떤 툴을 다양하게 배우거나 회사에 도입하는 것은 필요할 때도 있고 아닐 때도 있다.

---

* prospect theory. 행동경제학을 창시한 심리학자 대니얼 카너먼Daniel Kahneman이 제시한 것으로 손실과 이득에 대해 사람들이 저마다 다른 가치를 부여하고 행동을 선택한다는 이론이다.

문과생은 데이터 관련 직종에서 일을 시작하기보다 회사의 지시로 데이터 관련 업무를 시작하게 되는 경우도 많다 보니, 학업 중에 이미 터득한 프로그래밍언어나 통계 툴이 하나도 없을 수도 있다. 그래서 데이터와 관련된 새로운 조직에 들어갔을 때 '이 언어나 이 툴을 써봤으니까(편하니까) 사용할 수 있는 환경을 만들어달라'는 요구를 할 수도 없다. 데이터와 관련 언어, 툴에 자신감이 없다 보니 툴 자체를 배우는 데 의지와 두려움을 동시에 갖고 있다.

그렇다면 무슨 언어를 배워야 할까? 무슨 툴을 배워야 할까? 우선 내가 몸담고 있는 조직에서 사용하는 툴을 배울 수밖에 없다. 당연하게도 지금 나 이외의 사람들이 사용하고 있는 툴을 배우는 것이 회사 입장에서는 가장 빠른 길이다.

나 역시 회사에서 아직 국내에 공식 론칭 전인 통계 툴을 도입하자고 하면 그 툴을 배우고, 팀원들이 파이선을 주로 사용한다면 파이선을 배우고, 회사에서 SQL을 사용할 때는 SQL을 더 잘하기 위해 노력했다. 대학에 다닐 때는 SPSS나 SAS를 활용해 논문을 쓰기도 했다. 가장 잘하는 프로그래밍언어가 없어서이기도 하지만 내가 속한 조직에서 제공하는 툴이 그것들이었기 때문이다.

또 코딩과 마찬가지로 결과물에 관한 명확한 그림을 갖고 있어야 새로운 툴을 빨리 배울 수 있다. 한 조직에서는 내가 새로운 언어를 배워 분석을 했다고 하자 다른 팀원들에게 같은 언어를 교육한 적이 있는데, 교육을 받은 뒤에도 그 언어를 업무에 쓸 수 있는 사람은 단 1명도 없었다. 기본적으로 데이터의 구조와 결과물을 명확하게 이해하고 있어야 각 언어와 툴의 기능을 빠르게 학습할 수 있다. 아주 쉽고 간단한 툴 하나를 배울 때도 어떤 데이터를 집어넣고 분석하면 어떤 결과물이 나오는지 알고 있어야 한다. 그래야 다른 툴에서 언어와 단계가 다르면 어떤 결과물을 낼 수 있는지 차이를 비교하면서 배울 수 있다.

만약 지금 조직에서 데이터 관련 일을 하는 것이 아니라 스스로 배움을 선택해야 하는 상황이라면? 제2외국어를 배울 때 사람마다 취향이나 배우는 속도가 다르듯 데이터를 다루기 위한 프로그래밍언어와 툴을 학습하는 데도 개인차가 있기는 하다. 이 개인차에 따라 제대로 쓸 줄 아는 툴이 하나라도 생겼을 때 응용할 수 있는지, 그 툴에서 얻는 결과물과 비슷한 결과물을 얻기 위해 다른 툴을 써볼 수 있는지 등의 판단이 선다.

다시 요리에 빗대보겠다. 칼의 종류가 많다고 요리가 맛있어지는 건 아니다. 하나의 칼로도 무수한 요리를 만들 수 있다. 하

칼의 종류(분석 도구)를 다양하게 갖추거나 쓰는 방법(모델)을 다양하게 안다고 해서 요리(결과물)가 반드시 훌륭한 것은 아니다. 꼭 맞는 도구와 방법을 사용하는 것도 중요하지만 맛있는 요리를, 원하는 사람들이 먹는 것이 훨씬 더 중요하다.

지만 다양한 도구가 있으면 때로 더 편하고 쉽게 요리를 할 수 있다. 채칼이 있으면 더 빨리 채를 썰 수 있지만 채칼이 없다고 채썰기가 불가능한 것은 아니다. 즉, 얼마나 많은 양을 얼마나 빨리 만들어내야 하는지 판단할 필요가 있다. 채칼이 있으면 더 빨리 더 많이 채 썬 재료를 준비할 수 있다는 건 자명한 사실이기 때문이다.

특정한 도구는 회사에 따라 필요할 수도 있고 아닐 수도 있다. 치즈 강판이라는 정교한 도구가 있으면 큰 도움이 될 때도 있으나 치즈 강판이 없어도 치즈를 잘게 조각낼 수는 있다. 더 편리하고 더 좋은 도구인 것은 분명하나 반드시 그 비용을 들여 치즈를 갈아야 하는지 여부도 회사 입장에서는 판단 기준이 될 수있다.

통계분석을 위해 회사나 개인이 갖고 있는 기본적인 툴이 있다면 그 툴을 최대한 활용해보자. 그 툴로는 도저히 이 프로젝트에 맞는 결과물을 낼 수 없거나 속도가 나지 않는 경우가 생기면 도구 도입에 따른 결과물을 비교할 수 있다. 빅데이터를 다루려면 현저하게 빠른 속도, 효율성만으로도 툴의 도입 가치가 충분하다.

그런데 무조건 새로 나온 도구, 효율적으로 보이는 툴을 도입하자고 말하는 것은 자칫 예산과 시간 낭비로 이어진다. 한 회사에서 몇 해 전 큰 예산을 들여 도구를 도입했는데 사람들이 거의 사용하지 않았다고 해보자. 그 실패 경험은 더 적합한 도구를 도입할 수 없게 하는 걸림돌이 될 수 있다.

반면 도구도 손에 쥐여주지 않고 일을 하라고 하는 회사도 많다. 굴삭기를 갖고 있는 회사의 결과물을 보고 티스푼으로 그만큼 빨리 땅을 파라고 한다. 아주 좋은 시스템과 인력을 갖춘 회사가 내는 퍼포먼스를 무조건 따라 하라고 강요하는 일은 현재 상황을 충분히 인지하지 못했기 때문에 일어난다.

어떤 툴이 절대적으로 필요하다고 말하지는 않겠다. 한 기업이나 개인이 갖고 있는 배경은 각각 다르고 각 도구에는 장단점이 있다. 회사와 개인의 상황에 맞춰 각각의 도구로 낼 수 있는 결과물을 잘 판단해봐야 한다. 다시 한 번 말하지만 좋은 도구 하나 없이 다른 회사나 다른 사람만큼 좋은 결과물을 내라고 하는 것은 무리한 요구다.

통계 관련 수업은 최대한 많이 들어라

———

인문계였지만 이공계에 관심이 있었던 건 가족의 영향이기도 했다. 아빠가 IT회사에 다니다 보니 아주 어릴 때부터 컴퓨터를 만지게 됐다. 아빠는 문과를 전공한 딸이 신통하게도 자신과 비슷한 일을 하게 됐다고 생각하시는 것 같다. 반전은 컴퓨터에 문제가 생기면 아빠와 오빠가 다 고쳐주다 보니 생각보다 스스로 잘 해결하지 못하는 부분이 많다는 것이다.

수학은 어릴 때부터 싫어하지는 않았다. 적성검사를 해보면 이공 계열이 나오기도 했고 수학 경시대회에서 수상하기도 했다. 고등학생 때 심리학에 관심이 생겨 사회과학대학으로 진학

하고 보니 사회통계* 수업이 있었다. 심리학이 통계를 많이 사용하는 학문이라 대학원 과정에는 심리 측정** 전공이 있었고 전공 수업 중 통계 관련 수업이 많았다. 자연스럽게 한 학기에 2과목 정도는 통계 수업을 들을 수밖에 없었다. 대학원 지도 교수님도 통계를 굉장히 강조하시는 편이라 매 학기 정해진 통계 수업을 들었다. 심리학과에서 개설한 통계 과목을 전부 들은 뒤에는 다른 전공에서 개설한 수업도 수강했다. 측정 방법이나 조사 방법론 같은 수업들도 지금 생각해보니 꽤 도움이 됐다.

인문 계열의 '수포자' 학생들은 통계 관련 수업들을 들을 때 지루할 수도 있다. 어려운 공식이 나올 때도 많고 시험이 완전히 수학 문제로 도배되기도 한다. 데이터 분석에 관심이 있다면 이런 시험에서 좋은 성적을 거두지 못해도 포기하지 않아야 한다. 여러 번 반복해서 하다 보면 졸업할 때쯤 돼서는 적응할 수 있을지도 모른다.

고등학교를 졸업한 뒤 학사 4년, 석사 2년, 박사 3년 동안 통계와 수학을 놓지 않고 있었더니 자연스럽게 몸에 밴 습관들이

---

*   social statistics. 사회현상을 양적으로 통계화하는 것.
** psychometrics. 감각·능력·성격 등 직접 관측할 수 없는 심리학적 구성개념을 측량하기 위한 방법의 총칭. 구조 방정식 등을 활용한다.

있다. 일상에서 어떤 행동이나 현상을 봤을 때 어떻게 구조적으로 정리하거나 숫자로 증명할지 떠오르는 것이다.

예를 들어 "요즘 사람들이 이 요리 많이 먹더라!"라는 얘기를 했다고 해보자. '요즘'은 며칠, 몇 주, 몇 개월 혹은 몇 년일 수 있다. '사람들'은 어떤 그룹인지, 동네인지, 한국인지, 전 세계인지 그리고 '많이'는 얼마나 되는지, 다른 어떤 요리와 대비해 많이 먹는지, 아니면 그 요리가 특정 기간보다 훨씬 더 많이 팔리고 있는지, '이 요리'는 딱 이 가게에서 파는 것인지, 어떤 범주의 요리인지 등 고작 한 문장인데 정의해서 증명해야 할 것이 많다. 물론 대화를 할 때마다 이런 생각을 하지는 않지만 때로 회사에서 일상적으로 오가는 한 문장이 중요한 분석 주제가 되기도 한다. 한 학기, 전공 수업 하나를 듣는다고 길러질 수 있는 역량은 아닐지도 모른다.

싫어하는 전공을 계속 들으라는 것은 아니다. 다만 내가 하고 싶은 일에 필요한 역량이라면 꾸준히 지속할 필요가 있다는 뜻이다. 앞서 말했듯 내 전공이 아닌 다른 분야의 공부를 꾸준히 하다 보면 내 전공의 전문성에 그 분야가 더해져 나만의 강점이 생긴다.

인문계 전공자가 데이터 사이언티스트의 일을 하려면 통계나 커피 로스팅 스펙트럼을 몰랐다면 커피 판매와 소비자 취향을 연결해 분석하기 어려웠을 것이다. 어떤 분야를 공부하면 반드시 내 일에 깊이가 더해진다.

수학을 따로 공부할 필요도 있다. 기술에 대한 이해도 필요하다. 하지만 점점 기술이 발전하고 있으니 모든 이론을 다 알지 않아도 될 시대가 올 것이다. 오히려 문제를 어떻게 해결할지, 상황을 정리하는 힘을 갖고 있어야 어떤 방법으로 데이터를 분석할지 알 수 있다.

간단한 예로 나는 스타벅스코리아라는 커피 회사에 다니면서 데이터 분석 공부와 소비자 심리학 전공과는 별개로 커피 전문가가 되기 위한 공부를 하게 됐다. 목표가 없으면 동기부여가 잘 안 되는 편이라 스타벅스 글로벌 기준의 '커피마스터coffee master'라는 자격증을 따기 위해 동료와 점심시간에 따로 시간을 내서 함께 공부했다.

실제로 이 커피 지식들은 이후 데이터 분석에 큰 도움이 됐다. 커피의 풍미와 스펙트럼을 이해하고 있었기 때문에 특정 커피가 취향인 소비자들의 구매 패턴도 분석할 수 있었다. 만약 커피 관련 지식이 없었다면 해당 프로젝트는 단순한 매출 분석에 그쳤을지도 모른다. 커피에 관해 잘 알고 있으면 커피 회사의 데이터를 더 잘 분석할 수 있다.

한 지인은 데이터 사이언티스트로 석사과정에서 부동산학을 전공했다. 이 친구는 지리를 활용하는 프로젝트나 상권 분석에 그 누구보다 뛰어나다. 같은 데이터 분석을 하더라도 하나의 분야에서 확실한 강점을 갖고 있다.

우리가 어떤 선택을 한 데엔 분명 이유가 있다. 먼 길을 돌아온 것처럼 느껴지고 '내가 저걸 왜 했었지?' 싶은 일들도 있을 것이다. 하지만 지금 하는 일에 그때의 경험을 접목해보려고 노력한다면 버려지는 시간은 하나도 없다.

프로젝트에 대한 가치판단을 전달하라

기업에서 인재를 채용할 때 인공지능을 활용할 수 있다는 얘기를 들어봤을 것이다. 가장 공정해야 할 때 기계의 도움을 받을 수 있다니 기술이 세상에 도움이 된다는 좋은 인상도 받았을지 모른다.

그런데 잘 생각해보면 기계가 채용 자체를 책임지는 것은 아직은 상당히 위험한 일이다.

인공지능을 활용해 사람을 채용하는 일의 단계를 상상해보자. 일단 기계가 데이터를 학습해야 한다. 현재 인재라고 평가받고 있는 사람들의 데이터를 분석하고 앞으로 채용하게 될 사람들의 데이터와 대조해 기존의 인재와 부합하는 새로운 인재들을 영입하려는 계획이다.

그렇다면 기존에 성과가 좋았던 사람들의 기준은? 업무상 고과를 잘 받았다든지, 팀장이나 임원이 되었다든지 하는 기준을 정해야 한다. 업무상 고과라는 것도 기계가 아닌 사람이 평가한 것이니 이미 학습시키는 데이터 자체에도 사람의 가치판단이 들어간다.

표현의 편의를 위해 인재를 찾는 데 임원들을 기준으로 데이터를 학습시킨다고 가정하자. 데이터에서 임원으로 승진한 사람들의 공통점을 찾아야 한다. 공통점을 찾기 위해 학습시킬 데이터는 무엇인가? 일단 갖고 있는 정보는 통상적으로 이력서에 적는 인구통계적 정보, 학력과 학습 성취, 사는 지역 등일 것이다.

현재 임원들이 소위 명문대를 나온 비중이 높으면 그 데이터를 학습한 컴퓨터는 앞으로도 동일한 명문대 출신들이 인재가 될 확률이 높다고 판단할 것이다. 만약 공교롭게도 임원들이 비슷한 지역에 거주하고 있다면 이 데이터를 학습한 프로그램은 그 지역에 거주하는 사람들이 인재라고 말할 것이다. 이렇게 되면 특정 지역의 채용 확률이 높아진다.

또 임원들이 고연령이라면 상대적으로 고연령의 채용 가능성이 높아지는데 현재 지원자들 중에 사회초년생이 많다면 연령대를 어떻게 조정해야 할지 난감할 수 있다. 임의로 '룰'을 적용해 연령대를 조정하는 순간 이 채용은 이미 인간의 가치판단으로 오염된다. 현재 임원들의 특정 성비가 높으면 그 성별의 채용 확률 또한 높아진다. 어떤 정책에 따라 성비를 맞춰야 한다면 이것 역시 인위적으로 지정해줘야 한다.

그럼 정말 실력 있는 창의적인 인재를 뽑고 싶으면 어떻게 해야 하나? 실력과 창의성을 무엇으로 정의할 것인가? 기계에게 기존 직원들의 무슨 데이터를 학습시키고, 신규 지원자들의 무슨 데이터로 판단을 내리게 할 것인가? '이 사람은 창의적'이라고 학습시킬 데이터를 확보할 수는 있는가? 기계가 자기소개서를 읽고 창의적인 사람인지 아닌지 판단할 수 있는 근거는 무엇인가?

인공지능, 기계학습이 바꿀 미래를 두고 '이렇게 새로운 기술이 새로운 영역에 도입될 수 있다'는 가능성을 얘기하는 것 자체는 좋다. 하지만 지금 단계에서 이 기술을 도입하는 것이 어떤 영향을 미칠 수 있는지 가치판단을 해야 한다.

데이터 사이언티스트는 이런 가치판단을 사람들에게 전달할 수 있어야 한다. 어떤 데이터에서 어떤 결과를 얻게 되는지 구체적으로 알고 있는 사람이기 때문이다.

"방대한 데이터를 학습시키면 공정한 결과가 나올 거야!"라고 기대하고 있는 사람들에게 찬물을 끼얹을 수도 있지만, 데이터의 특성에 따라 생길 수 있는 일들을 설명해줘야 한다.

'난 그저 지시에 따라 채용을 위한 모델을 만들었다'고 한다면 그 일에서 파생될 수많은 문제들을 방조하는 셈이다. 이 데이터가 현실에 끼칠 영향을 해석하는 일이 왜 중요한지 잘 생각해봐야 한다.

스페셜리스트가 되려면 제너럴리스트가 되라

어릴 때 우리 집 책장에는 부모님이 사다 두신 내가 읽을 만한 책들이 꽂혀 있었는데 그중에 스페셜리스트와 제너럴리스트에 관한 책이 있었다. 책을 읽은 2000년대 초반 당시에는 여러 분야에 통달한 제너럴리스트가 되는 게 좋다는 생각이 들었다. 창의성이나 통섭이란 단어가 유행하던 때이기도 했다. 스페셜리스트는 매우 전문적인 일을 하지만 그 분야의 일이 아니면 역량을 발휘하기 힘들다는 점에서 덜 매력적으로 느껴졌던 것도 같다. 예전엔 성냥을 만드는 일이 중요했지만 지금은 덜 중요해진 것처럼 시대의 흐름이나 운의 영향도 어느 정도는 있을 것이다. 시대 변화에 잘 적응하고 쓰임새가 많은 사람이 되고 싶다는 마음에 스페셜리스트가 아닌 제너럴리스트가 되고 싶었다.

그런데 지금 생각해보니 먼저 제너럴리스트가 되어야 스페셜리스트가 될 수 있는 것 같다. 요즘에는 학문의 경계나 분야도 모호해지고 있다. 연결을 통해 빛나는 아이디어를 만들어낼 수 있는 시대다.

스페셜리스트가 될 수 있는 중심축을 하나 세운 다음 제너럴리스트로서 여러 분야를 두루 알고 차용할 수 있어야 한다. 이것이 진정한 전문가가 되는 길이다. 하나의 전문 분야를 가진 뒤 다른 분야를 만날 때 생각의 깊이가 달라진다.

데이터 사이언티스트는 특히 그렇다. 책의 곳곳에서 기술, 통계, 인문 영역에서의 역량을 여러 번 얘기했는데, 한 영역에만 머무를 때는 좋은 데이터 사이언티스트가 되기 어렵다. 자신의

한 분야를 깊게 판 스페셜리스트가 좋을까, 넓게 아는 제너럴리스트가 좋을까?
이젠 스페셜리스트가 되기 위해 제너럴리스트가 되어야 하는 것 같다.

영역에서 정점에 이르러야 원리가 보이고 다른 영역에 적용하
기가 쉬워진다.

　마케팅을 하면서 엑셀로 데이터를 잘 만지던 사람은 통계 원
리를 파악하고 기술을 통해 어떤 결과물을 내야 하는지 좀 더
수월하게 깨달을 수 있다. 특히 마케팅 결과물을 어떻게 만들어
야 시장이 반응하는지 머릿속으로 상상할 수 있기 때문에 어떤
데이터가 필요한지 아이디어도 낼 수 있다.

　통계 전문가라면 다양한 툴을 이용해 기술을 배우기가 더 수
월하다. 어떤 통계 툴에 정통하면 다른 것도 배우기 쉽다. '아, 이
기능은 내가 원래 사용하던 툴의 이 기능과 같구나' 하고 이해

할 만한 기준이 있기 때문이다. 기준과 대조하면서 기술을 익히면 좀 더 빠르게 습득할 수 있다.

　기술이 있는 사람이라면 시대적으로 데이터 사이언티스트로서 최고의 결과물을 낼 수 있는 역량을 갖춘 상태다. 무인 자동차를 상상해보자. 무인 자동차에 실제 데이터 분석 결과를 적용하기란 쉽지 않은 일이며, 다른 전공을 한 사람은 더더욱 그 경지에 이르기 어려울 수 있다. 다른 엔지니어의 손을 빌리지 않고 결과를 적용할 수 있다면 고용자 입장에서는 최고의 대우를 해줄 수밖에 없다. 어떤 문제를 해결해야 할지 아이디어만 있다면 통계와 인문의 영역으로 가기 쉽다.

　거듭 말하지만 이 세 영역을 완벽히 갖춘 사람은 거의 만나본 적이 없다. 다들 하나의 영역에서 최고의 자리에 오른 뒤 다른 영역으로 나아간 사람들이었다. 따라서 어떤 특정 분야에서는 부족한 점이 있었으며, 이는 인간의 시간과 에너지가 한정적인 데서 비롯되는 일이기에 단점이라고 보기 어렵다.

　이런 역량뿐만 아니라 다양한 시장을 경험하는 것도 스페셜리스트가 되는 데 도움이 된다. 커피 시장이 어떤 식으로 움직이는지, 휴대전화가 사람들에게 어떻게 이용되는지, 사람들이 도서를 어떻게 사는지 '알아야' 데이터를 분석하고 이들을 위한 웹/앱을 만들 수 있다.

무엇이든 아는 것은 또 다른 영역에 도움이 된다. 쓸모없는 경험이란 없으며, 언젠가는 분석의 자양분이 된다.

박쥐의 고통을 감수하라

이렇게 스페셜리스트이자 제너럴리스트가 되기 위해서는 '박쥐' 같은 시간을 보내야 한다. 내 경우 기술 회사가 아닌 일반 회사에서 데이터 사이언티스트로 일하다 보니, 보통의 인문계 출신 분석가보다는 기술을 좀 더 알고 데이터 엔지니어에 비해서는 인문학적 역량이 더 강했다. 어느 쪽에도 속하지 않는다는 점은 어떻게 보면 단점으로 보일 수도 있다. 하지만 박쥐의 고통도 얼마든지 장점으로 바꿀 수 있다.

먼저 프로젝트의 허브, 연결 고리 역할을 할 수 있다. 문제를 다양한 관점에서 균형 있게 볼 수 있기 때문이다. 최근에는 하나의 프로젝트를 위해 여러 팀이 함께 일하는 추세이다 보니 이 역량이 더욱 중요하다. 노력 여하에 따라 비즈니스 관점과 기술 관점에서 데이터를 활용할 수 있는 유일한 사람이 될 수도 있다.

사회 초년생 시절 엔지니어들과 한 팀으로 일한 적이 있었다.

당시 나는 박사과정을 졸업한 지 얼마 되지 않아 이론에는 강했지만 실제 기업의 빅데이터를 다룬 경험은 적었다. 그리고 공대 출신은 자연스럽게 알고 있는 것을 나는 잘 모르는 경우도 있었다. 지금 이 책을 읽고 있는 누군가 그리고 학교나 학원에서 데이터를 공부하고 실무에 뛰어드는 누구나가 같은 경험을 할 수 있다. 데이터를 처음 공부하는 사람이라면 첫 시간부터 이런 느낌을 받을 수도 있다.

익숙하지 않은 업계의 지식을 쌓는 데는 시간이 필요하다. 이때 모른다는 사실 혹은 단점은 빠르게 인정해야 한다. 그래야 새로운 것을 배우는 데 필요한 촉을 곤두세우고 스펀지처럼 흡수할 수 있다.

회사에서 나만 잘 모르는 것이 있다는 느낌이 들 때마다 집에 가서 공부를 했다. 물론 나머지 공부를 한다고 해도 수년, 수십 년 그 일만 해온 엔지니어만큼 해내기는 어렵다고 생각했지만 이렇게 훌륭한 엔지니어 옆에서 일하며 성장할 기회는 흔치 않았다.

이 과정에서 정말 감사하게도 여러 좋은 선생님을 만날 수 있었다. 학교에서 만난 지도교수님 이후로 가장 큰 가르침을 준 선생님들이었는데, 바로 내게 코딩을 가르쳐준 같은 팀 혹은 같이 일하던 엔지니어들이다. 자신의 시간을 내어 남을 가르쳐주기란 쉽지 않은 일이고 이런 소중한 스승을 회사에서 만난다는 건 더더군다나 엄청난 행운이다. 업무에 필요한 핵심만 콕 집어 알려줄 수 있기 때문이다. 나는 이들의 도움과 나머지 공부로 조금씩 부족한 개념을 알아나갔고 습득 시간도 단축할 수 있었다.

자신의 노하우이자 장점인 '경험'을 나눠주는 사람이 얼마나 소중한지 알기에, 그 뒤로는 나도 회사에서 만나는 사람들에게 내가 가르쳐줄 수 있는 부분을 성심성의껏 알려주려고 노력한다. 나를 가르쳐준 이들처럼 대가 없이 시간을 내기 위해 최선을 다하려고 한다. 단, 일을 대신해주는 것이 아니라 '고기를 잡는 법'을 알려주는 데 시간을 낸다. 배운 것을 다시 다른 사람에게 전달하는 것이 은혜를 갚는 방법 중 하나라고 생각하기 때문이다.

새로 온 팀원에게 내가 아는 지식들을 알려준 적이 있다. 시간이 흐른 어느 날 그 팀원이 내게 얘기했다.

"그때 친절하게 가르쳐줘서 정말 고마워요! 요즘 누굴 가르쳐주는 게 얼마나 힘든 일인지 알 것 같거든요."

내가 받은 만큼 다른 사람에게 줄 수 있어 기뻤다. 누군가에게 아는 것을 전달하려면 자신감도 필요하다. 경쟁 관계인 사람들에게는 내가 아는 정보를 알려주고 싶지 않을 수도 있다. 그런데 내 능력에 자신감이 있다면 경쟁자와 같이 성장하고 같이 더 나은 일을 할 수 있다는 신뢰가 생기며 내가 아는 것을 아낌없이 나눠줄 수 있다.

박쥐처럼 어디에도 속하지 못하는 기분이 든다면 둘 다 섭렵하기 위해 노력하는 시간이 필요할지도 모른다. 너무 많이 노력하다가 지칠 필요는 없지만 박쥐가 둘 다 잘해낼 수 있게 되면 엄청난 가치를 지닌다는 점을 잊지 않았으면 좋겠다.

때로 어느 한 분야에 두 발을 다 담그지 못한다는 느낌이 들기도 한다. 옆 사람을 보면 자신만의 분야에서 확고한 위치를 차지한 것처럼 보일 때도 있다. 하지만 이건 다 남의 떡이 커 보이는 현상일 수도 있다.

한 웅덩이에만 두 발을 다 담글 필요는 없다. 이것과 저것을 연결할 수 있는 것은 훌륭한 역량이다. 두 나라의 언어에 능통한 통역가처럼 두 분야를 연결할 수 있도록 역량을 키우면 된다.

문과생이 아닌데 데이터 사이언티스트가 되고 싶다면

이공 계열 전공생의 경우 요즘 가장 각광받는 직업인 엔지니어의 길이 있으므로 데이터 사이언티스트가 아니더라도 유사한 일을 할 수 있는 선택지가 있다. 데이터 사이언티스트와 동일한 일을 하는 사람 중 데이터 엔지니어 직군에서 활동하는 사람도 많다.

엔지니어들 중 '데이터 사이언티스트'라는 단어 자체에 거부감을 느끼는 사람도 종종 봤다. 유행에 따라 명패만 바꿔 붙인 것이라고 생각하거나, 데이터 엔지니어와 차이점을 모르겠다거나, 도대체 '데이터 사이언스'가 무슨 분야냐고 말하는 사람도 있다. 일부 일리가 있는 말이다. 이미 언급했듯이 데이터 사이언티스트라는 단어가 등장한 지 얼마 되지 않았고, 유사한 일을 하는 데이터 엔지니어나 데이터 분석가들이 존재해왔기 때문이다. 이미 있던 사람들 사이에 데이터 사이언티스트라는 '점'을 찍고 나타나 정통성을 해치는 느낌도 들 수 있다.

하지만 여러 번 말했듯이 이상적인 데이터 사이언티스트에게 필요한 역량은 기술적인 면에 국한되지 않는다. 이 기술을 어떻게 실생활에서 활용하느냐 하는 해석과 시장성을 내다보는 관점까지 필요하다.

엔지니어들에게 가끔 듣는 얘기 중 "내가 안 해서 그렇지 비즈니스 관점에서 보기 시작하면 금방 할 수 있다"는 말이 있다.

엔지니어가 아닌 사람이 "SQL 그거 한 달이면 다 하는 거 아니냐"고 말하는 것과 비슷하다. 두 입장 다 어느 측면에서는 이해 가능하지만 둘 다 틀렸다. 누구나 비즈니스 관점에서 얘기할 수 있지만 깊이와 경험의 차이가 있고, SQL의 기본은 한 달이면 배울 수 있지만 이를 업무에 활용하는 데 역시 깊이와 경험의 차이가 있다.

심지어 문과생이 기술을 배우는 것이 빠르냐, 이과생이 비즈니스 관점을 배우는 것이 빠르냐는 논쟁도 있었다. 데이터 사이언티스트는 그 사이 어딘가에 서 있는 역할이라고 생각한다.

일단 같은 10년이란 기간 동안 한 분야를 전공하고 정진했다면 그 분야에서 발전시킨 역량을 인정해줘야 한다. 우리 모두 한글을 쓸 줄 알기 때문에 "시인은 아무나 될 수 있는 것 아니냐"고 말하는 사람이 있다. 대부분의 사람들은 초등학교 때 시 쓰는 연습을 하고 백일장에 나가봤으니 시는 아무나 쓸 수 있는 게 맞다. 하지만 10년 동안 시를 쓴 사람과 가끔 쓰는 사람의 시는 다를 수 있음을 인정해야 한다. 기본적으로 나와 다른 분야에 매진한 사람에 대한 존중이 필요하다. 내가 선택하지 않은 일이라고 해서 덜 중요한 일은 아니다.

엔지니어가 데이터 사이언티스트가 되기로 했다면 '영업'하는 사람들을 많이 만나봐야 한다. 클라이언트가 무엇이 필요하다고 했는지, 소비자는 무엇을 원하는지 지속적으로 듣고 자신이 구현할 수 있는 기술과 연결하려는 노력을 해야 한다.

데이터가 어떤 식으로 사용될지 적극적으로 따져볼 필요도 있다. 데이터를 잘 알지 못하는 사무직이 엔지니어에게 뭔가를 요청하면 단순히 '된다, 되지 않는다'로 말하는 경우가 많고 정작 요청의 의미에 관해서는 서로 소통하지 않는다. 시간을 아끼기 위해서라고 하지만 장기적으로는 둘 다 시간을 낭비하고 있다.

예를 들어 마케터가 "사람들이 이 제품을 사는 주기가 길어지는지 짧아지는지 알고 싶어요"라고 말했다고 하자. '구매 주기'에 대한 지표가 없기 때문에 엔지니어는 '알 수 없다'고 대답한다.

마케터가 진짜로 원한 것은 제품의 구매 주기가 길어지고 있다면(자주 사지 않는다면) 구매 주기가 짧아지도록 프로모션을 진행하고 싶다는 의미였을 것이다. 이 의미를 전달하지 않았기 때문에 "네" 혹은 "아니요"의 답변밖에 들을 수 없었다. 또 '주기'라는 것은 첫 번째 구매와 두 번째 구매 사이만이 아니라 횟수에 따라서도 달라질 수 있어 계산하기 까다로운 데다가 단순하게 평균을 낼 수 있는 숫자가 아니다. 1번만 산 사람을 제외한

중복 구매자 중 몇 회까지를 재구매 주기에 포함할지, 10번을 산 사람이 처음엔 10일 만에 샀다가 다음엔 2일 만에 샀다가 다시 7일 만에 샀다면 주기가 짧아진 것인지 길어진 것인지 판단하기 애매한 무수한 경우의 수가 생기기 때문이다.

따라서 데이터를 어떻게 활용할지 충분히 소통하지 않고 단순히 데이터를 요청하면 단답식 대화로 끝날 수밖에 없다. 데이터가 필요한 마케터와 엔지니어가 이 데이터로 어떤 결과를 이끌어낼지 데이터의 목적을 논의하면서 '주기'란 무엇인지, '짧다와 길다'의 기준은 무엇인지 정의하는 과정이 있다면 데이터를 비즈니스에 의미 있게 활용할 가능성이 훨씬 높아진다.

이런 협업이 불필요하거나 불편하다고 생각하는 엔지니어들도 있다. 하지만 데이터 사이언티스트로 일하려면 비즈니스 관점을 장착해야 하고, 이 관점을 얻는 데 협업은 꼭 필요한 과정이다.

컴퓨터 과학과 같이 각광받는 전공을 택했다면 이미 기술이라는 강점을 가진 사람이다. 이들이 데이터 사이언티스트가 되기 위해서는 인문적 역량을 체득하려는 노력이 더해지면 된다. 언젠가 하기만 하면 할 수 있다고 생각하지 말고 지금부터 내 코딩이 어떻게 시장에서 움직일지 상상해보면 좋겠다.

엔지니어가 누군가의 요청 없이, 대신 실행해줄 사람 없이 분석의 시작부터 끝까지 해낸다면 누구보다도 데이터 사이언티스트의 역할을 잘해낼 수 있다.

4장

데이터 사이언티스트의 마인드 세팅

향상심: 지금보다 나아지고자 하는 욕구

향상심, 즉 더 나아지고 싶다는 마음은 데이터 사이언티스트에게 가장 필요한 자세 중 하나다. 내 주변의 뛰어난 데이터 사이언티스트와 데이터 엔지니어에게서 공통적으로 발견한 기질이기도 한데, 이들은 늘 호기심이 끊이질 않고 더 발전하기 위해 스스로 공부하며 정신없게 바쁘지 않으면서도 부지런하다.

향상심은 여러 영역에 적용될 수 있지만 데이터 사이언티스트의 향상심은 주로 지식 영역에 집중되어 있다. 더 나은 해결

책, 더 나은 기술, 더 나은 역량을 갖기 위해 노력과 시간을 투자한다. 학창 시절 성적이 좋은 것과는 별개일 수 있다. 학교에서는 1등을 하고 싶다는 동기나 뛰어난 암기력으로 좋은 성적을 거둘 수 있다. 내가 말하고 싶은 향상심은 이런 것과는 다른 성질이다.

먼저 향상심은 '욕심'과는 좀 다르다. 성과를 내고 승진하고 싶어 하는 마음과 별개다. 꼭 옆 사람보다 우위에 있고 싶어 하는 것도 아니다. 어떻게든 누군가를 이기려는 마음은 향상심이 아니다. 또 매일같이 야근을 하는 '열심'과도 다르다. 향상심은 방향 없이 그냥 열심히만 하는 것이 아니다. 필요하면 야근을 할 수는 있지만, 상시적인 야근은 오히려 향상하지 못하는 무능력함을 드러내는 일이 될 수도 있다.

진심으로 지금보다 나아지길 바라는 마음, 지금 있는 문제를 해결하고 더 나은 방법을 찾고 싶은 마음, 새로운 기술이 나왔을 때 기꺼이 자신의 시간을 들여 습득하려는 마음, 이런 마음을 나는 향상심이라고 부르고 싶다.

향상심이 있는 사람들은 주말에 일을 하는 것이 아니라 '공부'를 한다. 일을 끝내지 못하고 야근을 하거나 추가 근무를 하는 것이 아니라 자신의 일에 도움이 될 수 있는 다른 공부를 하는 것이다. 그래서 그 시간을 쉬지 못하고 일하는 어려운 시간이 아니라 자신이 성장하고 있는 귀한 시간으로 인식한다. 주변의 훌륭한 데이터 사이언티스트들은 주말에 회사 일과 관계없는 종류의 새로운 분석을 해보면서 시간을 보내기도 한다. 퇴근 후 모임에 나가 3~4시간씩 새로운 기술에 관해 얘기하고 토의하는 시간을 자발적으로 갖는다. 몇 만, 혹은 몇 십만 원의 수강료를 내고 새로운 소식을 듣기 위해 컨퍼런스에 참석한다. 엄청나게 대단한 것을 배우기 위해 가는 것은 아니다. 잘한다고 알려진 회사에서는 어떻게 하고 있는지 보고, 주변 사람들과 내 경험을 공유하기 위해서다.

지금보다 나은 결과를 내기 위해 시간, 금전, 노력 이 모든 면에서 자신에게 아낌없이 투자한다.

지인들과 함께 샌프란시스코의 컨퍼런스를 다녀온 적이 있다. 마침 추석 때였는데, 회사에서 온 사람도 있지만 몇 명은 자비를 들여 컨퍼런스에 참석했다. 한국 시장의 규모가 작아 진출하지도 않았다는 회사의 최신 기술 서비스가 궁금해서였다. 이날 이후 우리는 자발적으로 샌프란시스코와 서울에서 컨퍼런스 공유회를 가졌다. 컨퍼런스 원정대 모두에게 금전적으로는 아무런 이익도 없었으나 새로운 기술을 이해하고 최신 감각을 느낀 것만으로도 의미 있는 시간이었다.

　기본적으로 향상심은 부족함을 느끼는 데서 시작된다. 자신이 모든 것을 알고 있으니 자신이 말하는 대로 해야 한다고 믿는 사람이나 다른 사람들을 자신이 꿰뚫고 있으며 조종할 수 있다고 믿는 사람은 더 나아지기 위해 노력하지 않는다. 그런데 아이러니하게도 이런 사람치고 최고의 실력을 가진 사람은 별로 보지 못했다. 오히려 어떤 분야에서 경지에 이른 사람들이 "나는 모르는 것이 너무 많다"고 말하는 경우가 많다. 새로운 발견들이 쏟아져 나와 매일 밤마다 공부하는데도 따라잡지 못하겠다고 한탄하는 교수님도 봤다. 이렇게 생각하는 데는 긍정적인 면과 부정적인 면이 모두 있다.

　부정적인 측면은 자신에게 만족하지 못해 스스로를 과소평가하고 부족하다고 여겨 자신감이 떨어지는 것이다. 심한 경우 100점이 아니면 미완성이라고 생각해 완벽함에 집착할 수도 있다. 항상 경쟁심에 불타오르며 이기지 못하면 분하게 생각하기도 한다. 이런 마음은 스트레스와 병으로 이어질 수도 있으므로 경계해야 한다.

　하지만 긍정적인 측면도 있다. 자신이 모르는 것이 있다고 생각하면 향상심이 생긴다. 더 알고 싶다는 욕구가 생겨 스스로 공부하게 된다. 긍정적인 겸손함이 생겨 누구에게든 배우려 하는 자세를 갖게 된다. 계속 배우려고 노력하기 때문에 이미 높은 수준의 성취를 이루었음에도 거기서 더 성장할 여지가 있다.

주변을 보면 어떤 이유에서든 배움을 그만두는 사람들이 있다. 정말 더는 배울 것이 없어서 그러는 사람은 얼마 없을 것이다. 그냥 배우는 게 귀찮아서일 수도 있고, 정말 휴식이 필요해서일 수도 있다.

쉬지 않고 달려야 한다는 말은 아니다. 달리기를 멈추고 쉬어야 하는 순간도 있다. 하지만 쉬고 난 뒤 에너지를 얻어 더 많은 성장을 하는 사람이 있는가 하면 그저 더는 아무런 노력도 하고 싶지 않다는 얘기를 계속하는 사람들도 있다. 후자는 성장하지 못하는 이유를 자꾸 만들어낸다. 하고 싶은 것이 있지만 상황이 그렇지 못하다고 얘기한다. 직장이 없어서, 직장이 있어서, 나이가 어려서, 나이가 많아서, 결혼을 하지 않아서, 결혼을 해서, 아이가 있어서 자신은 다른 성장을 위해 낼 수 있는 시간이 없다고 말한다.

냉정하게 스스로에게 묻고 답해보는 시간이 필요하다. 그 이유들이 정말 자신의 성장을 가로막고 있는지, 아니면 내가 지금 상태에서 벗어나는 것이 귀찮아 핑계를 대고 있는지.

동기는 현실과 이상의 차이를 느낄 때 부여된다. 이상이 없으면 현실에서 더 나아지기 위한 노력의 필요도 못 느낀다. 꿈을 꾸는 건 그래서 중요한 일이다.

언제나 모든 것을 가질 수는 없다. 포기하고 희생해야 할 것들이 있다. 환경의 제약을 생각한다면 반대로 그 환경에서의 편안함을 선택한 것이다. 뭔가를 얻기 위해서는 약간의 불편함을 감수할 수밖에 없다. 일주일 중 단 몇 시간이라도 짬을 내어 원하지만 못했던 일을 한다면 몇 년 혹은 수십 년 뒤에라도 반드시 돌아온다.

그럼 향상심의 측면에서 데이터 사이언티스트와 맞지 않는 기질을 가진 사람은 누구인가.

편안하고 안정적인 일인 것 같아서 데이터 사이언티스트를 선택하려는 사람이라면 몇 년 뒤 이 직군에서 도태되기 쉽다. 좋은 표현은 아니지만 '꿀보직'이라고 알려진 일을 하고 싶다면 진정한 의미의 데이터 사이언티스트와는 맞지 않는다. 뛰어난 데이터 사이언티스트 중에서 지금보다 일을 덜 하려 하거나 남에게 일을 시키거나 편하게 살려고 하는 사람은 본 적이 없다. 물론 그런 사람도 데이터와 관련된 일을 할 수는 있겠지만 좋은 데이터 사이언티스트가 되기는 어려울 것이다.

모든 사람이 꼭 치열하게 노력하며 살아야 한다는 뜻은 아니다. 하지만 데이터 사이언티스트의 업무는 지금 상태를 개선하는 일을 하거나 듣도 보도 못한 프로젝트를 시작하거나 전혀 모르는 새로운 기술을 습득해 적용해야 하는 일이 대부분이다. 향상심이 있는 사람은 이 일들을 하는 데 잘 맞을 것이고 변화 없이 편안함을 추구하고 싶은 기질의 사람과는 잘 맞지 않을 수도 있다는 것이다.

호기심: 현상을 관찰해 문제를 파악하는 힘

앞서 여러 번 데이터 사이언티스트에게는 현실을 데이터로 변환하는 역량이 필요하다고 했다. 이 역량은 현실에 대한 호기심에서 시작한다.

당신은 레스토랑에 갔다. 밥을 먹으면서 주변을 둘러본다. 메

뉴판의 구성도 천천히 살펴보고, 주문 후 음식이 나오는 순서, 결제를 하는 방식도 한 번 더 생각해본다. 평소에 불편했지만 그냥 지나쳤던 순간은 없었는가? 빨리 나가야 해서, 시간에 쫓겨서 혹은 '그냥 다음엔 이 레스토랑에 오지 말아야지!' 하고 생각하며 넘겨버렸던 일을 구체적으로 적어보자.

적을 것이 하나도 없는 사람은 주위에 약간 무감각한 편일지도 모른다. 더 나은 방법은 없을지 생각하는 것의 출발점은 스스로 어느 정도의 불편함을 느끼는 것인데, 그 불편함 자체가 전혀 없다면 개선의 실마리를 찾기 쉽지 않다.

스스로 불편함을 잘 느끼지 못하거나 이 정도는 큰 문제가 아니라는 생각이 든다면 다른 사람에게 물어보는 방법도 있다. 주변에 앉아 있는 사람들이 혹시라도 불편해하는 부분은 없는지 살펴볼 수도 있다. 나는 눈치채지 못했지만 다른 입장 ― 가족 단위 고객, 어린아이가 있는 경우, 커다란 짐이 있는 경우 ― 에 따라 전혀 다른 문제들이 생길 수 있다.

나 혹은 타인이 왜 불편했는지 각자의 입장을 돌아보면서 지금 문제가 무엇인지, 이 문제를 수치화할 수 있는지, 수치화할 수 있다면 개선 가능성을 데이터로 어떻게 찾아낼 수 있는지 생각하는 것. 이 모든 시작에 약간의 호기심이 필요하다.

이번에는 매장이 아니라 온라인 쇼핑몰이라고 생각해보자. 이 쇼핑몰을 이용하면서 불편했던 점은 없는가? 무슨 화면이 먼저 보이면 더 편리할 것 같은가? 결제를 할 때 어려움은 없었나? 어떤 혜택이 있으면 더 자주 살 것 같은가? 장바구니에 넣기도 전에 상품에 흥미를 잃어버린 이유는 뭔가? 장바구니에 넣고도 사지 않은 이유는 뭔가? 뭘 더 주면 바로 결제했을까? 이숱한 질문들의 시작이 지금 내가 보고 있는 것들을 조금 다른 각도에서 보려고 노력하는 태도다.

　전혀 궁금하지 않은 사람을 떠올려보자. 물어볼 것도 없고 그 사람이 무슨 생각을 하는지도 알고 싶지 않다. 결국 그 사람에게서 뭔가를 더 알아내기 어렵고 관계도 개선될 수 없다.

　데이터 분석도 마찬가지다. 모든 현상을 궁금해하지 않는 사람은 그 현상을 더 낫게 만들 가능성이 희박하다. 왜 이런 문제가 생겼는지 데이터로 파볼 생각도 들지 않을 텐데 어떻게 데이터 분석을 시작할 수 있단 말인가.

　좋은 데이터 사이언티스트들은 호기심이 많다. 주변의 온갖 것에 '왜?'라는 질문을 던질 줄 안다. 그래야 그 질문에 답하기 위해 데이터를 찾아볼 수 있고 그 데이터에서 답을 찾아내 현실을 바꿀 단초를 제공할 수 있기 때문이다.

사교성: 사람들이 원하는 것을 파악하는 능력

데이터를 만지는 일을 하다 보니 아무래도 사람과 일하는 시간보다 컴퓨터와 일하는 시간이 더 많다. 시간이 촉박할 때는 사람들과 전혀 교류하지 않고 숫자를 단지 숫자로만 보기도 하는데, 그런 분석 결과물은 의사결정을 위한 공감을 얻기 어렵다.

사교적이라는 것은 언변이 좋거나 외향적이라는 뜻이 아니다. 우리 회사 제품을 판매하거나 구매하는 사람들이 뭘 원하는지 알기 위해 노력한다는 것이다. 데이터를 분석한 뒤 다시 현실에 도움이 되게 쓰기 위해서는 현장에 있는 사람들과 친해져야 한다. 그들에게서 우리 회사 고객이 일반적으로 느끼는 문제가 무엇인지도 파악할 수 있다.

한 데이터 사이언티스트는 이렇게 얘기했다. 좋은 데이터 사이언티스트가 되려면 견고한 성에 갇혀 있는 것이 아니라 성문을 열고 마을로 나와 사람들과 함께해야 한다고. 자신만의 분석이 아닌 고객이 원하는 분석을 하기 위해서는 영업 조직과 친밀해야 한다는 것이다.

스스로 제품의 개선점을 찾아낼 수 없다면 무엇을 개선하면 좋을지 가장 잘 알고 있는 사람들과 교류하면서 끝없이 새로운 분석 주제를 찾아내야 한다. 사람들에게 필요한 분석이 활용되는 것이지, 1명의 데이터 사이언티스트가 독보적인 천재여서 모두가 납득할 수 있는 분석 결과를 내는 경우는 많지 않다.

데이터가 실제로 살아 움직이게 하려면 현실의 문제를 다루고 있어야 하며 데이터가 다시 현실에 좋은 영향을 미치게 해야 한다. 이 모든 일을 데이터 사이언티스트 혼자 할 수는 없다. 아이디어가 있는, 현실과 가장 맞닿아 있는 사람에게 도움을 요청해야 할 때가 반드시 있다.

주도권: 데이터에 대한 주인 의식

데이터에 대해 주도적인 의식을 갖는 것은 개인의 커리어를 위해서도 반드시 필요한 역량이다. 남이 시키는 일을 수동적으로 하는 것이 아니라 스스로 데이터의 주인이 되는 것. 이는 개인의 커리어 방향성과 전반적인 발전 가능성에 아주 큰 영향을 미친다.

기존에는 데이터 팀이 타 부서의 요청에 응대하는 방식으로 일하는 경우가 많았다. 심지어 타 부서에서 그린 표의 빈칸을 채워 넣어주는 역할을 하기도 했다. 요청한 팀에 데이터 분석을 할 줄 아는 사람이 없고 분초를 다투며 처리해야 할 일이 있다면 얼마든지 상부상조할 수 있지만 이 일이 데이터 사이언티스트의 주요 업무가 돼서는 안 된다.

데이터 사이언티스트뿐만 아니라 다른 분야에서도 프로젝트를 스스로 생각하고 시작하는 사람을 만나본 기억이 별로 없다. 물론 조직에 몸담고 있으면서 의사결정자들이 원하는 프로젝트를 하는 것은 중요한 일이다. 하지만 철저히 수동적으로 어떤 숫자만 만들어내는 일은 피해야 한다. 스스로 생각하고 숫자를 만들고 여러 팀에 제안할 줄 알아야 한다.

모든 프로젝트에서 리더가 되라는 뜻은 아니다. 자신이 다른 사람의 우위에 있다고 생각하면서 일하라는 것도 아니다. 주도권의 의미를 잘못 해석해 고압적인 태도를 가진다면 함께 일하기 어려운 사람이 될 뿐이다.

데이터로 분석할 줄 안다는 것은 머릿속에 있는 것을 분석해 구현할 수 있다는 의미이며, 그 분석이 뜻하는 바를 다시 스스로 머릿속에서 해석할 수 있다는 것이다. 이런 완결성을 갖추는 것이야말로 데이터를 갖고 있는 사람에게 힘이 된다. 왜 요즘 가장 각광받는 데이터 역량이 있는데도 타인의 계산기 역할을 자처하는가?

데이터만큼은 내게 주도권이 있다는 의식을 갖고 적극적으로 분석하는 자세가 필요하다. 새로운 기술이 나왔을 때 적용해보기도 하고 새로운 모델을 공부해 어느 부분에 활용할 수 있을지 고민도 해보면서 데이터 사이언티스트가 성장하면 회사의 데이터 보유와 분석도 성장할 수 있다는 사고방식으로 좋은 데이터 사이언티스트가 되길 바란다.

경험: 기획과 변형, 해석의 바탕

———

통계 지식과 코딩 기술을 단기간에 배웠다고 가정하자. 똑똑하고 공부의 지름길도 알고 있었기 때문이다. 그렇지만 짧은 시간 안에 얻기 어려운 역량이 하나 남아 있다. 바로 데이터 기획과 해석에 대한 '경험'이다.

경험치가 필요한 첫째 단계는 기획이다. 어떤 종류의 문제를 풀기 위해 어떤 방법을 써야 할지 선택하는 단계다. 기획 단계에서 경험이 부족하면 잘 맞지 않는 방법을 사용하게 된다. 이를 단기간에 극복하는 방법은 지금 해결하려는 문제와 최대한 비슷한 사례를 찾아서 그 해법을 적용해보는 것이다. 분석을 위한 교재를 보면 예제들이 많다. 물론 예제를 봐도 자신이 갖고 있는 데이터의 형식과 맞지 않아 자꾸만 에러가 나는 경험을 하게 된다.

그래서 둘째로 데이터를 변형하는 데도 경험치가 필요하다. 새로운 프로젝트에서 보유한 데이터를 있는 그대로 사용하는 경우는 별로 없다. 빅데이터는 단순한 계산을 위한 것이 아니다. 매출 합계나 가입자 수를 세기 위해 빅데이터를 도입하려는 사람은 거의 없을 것이다. 새로운 분석을 위해 기존의 데이터들을 조합하거나 데이터를 만들어내는 경우들이 생긴다. 이때 원하는 결과를 얻기 위해 어떻게 데이터를 바꿔야 하는지 결정하는 것은 이제 막 데이터 분석을 시작한 사람에게는 어려운 문제가 될 수 있다.

마지막으로 경험치가 가장 많이 요구되는 단계는 데이터 해석이다. 데이터 분석 결과를 다른 사람들과 공유하고 실제 시장에 도움이 되는 모습으로 옷을 입히는 단계다. 이 단계에서 경험이 부족하면 사람들이 뭘 원하는지 알기가 어렵다. 사람들이 원하는 얘기와 맞닿아 있는 부분을 발견해 지금은 그저 숫자로만 존재하는 분석의 결과물을 의미 있는 표현으로 해석해줘야 한다. 이 해석 단계는 지름길을 찾기가 정말 어렵다. 경험을 쌓는 시간이 꼭 필요하다.

《슬램덩크》라는 만화에서 농구를 막 시작한 풋내기 강백호는 타고난 신체 능력과 열정으로 엄청난 능력을 발휘해 난다 긴다 하는 선수들과 대등하게 겨룬다. 하지만 2가지 면에서 신체 능력으로도 극복할 수 없는 어려움을 겪었다. 하나는 몸이 자세를 기억해야 하는 슛이고, 다른 하나는 상대방이 어떻게 움직일지 예측하기 어려운 수비였다. 강백호는 하루에 수백 번씩 슛 연습을 하면서 자세를 익혔지만 수비는 슛보다 문제를 해결하기가 더 어려웠다. 이를 두고 한 선수가 얘기한다.

수비는 경험에서 나온다. 경험으로 상대가 어떻게 할지 예측하고 수비하는 것이다.

강백호가 수비에서 어려움을 겪을 수밖에 없었던 이유는 경험이 절대적으로 적었기 때문이었다.

데이터 분석 결과를 해석하는 일도 마찬가지라고 생각한다. 현실과 데이터를 연결하고 분석한 뒤 다시 데이터를 현실로 연결하는 과정 속에서 스스로 해석해온 경험이 필요하다. 한 번이라도 비슷한 분석을 한 경험이 있다면 그 경험을 기반으로 해석의 대략적인 방향을 잡을 수 있다. 그런데 해석을 처음 접하는 사람이라면 갈피를 잡기 힘들다.

　인공지능이 모든 분석을 대신해주는 세상이 된다 해도 그 결과의 해석은 인간이 하게 될 것이다. 기계가 의사결정까지 한다고 해도 마찬가지다. 기계의 의사결정을 따르기로 하는 것도 인간이고, 의사결정을 재해석하기로 하는 것도 인간이다. 어떤 경우에도 최종 해석을 하는 역할은 인간이 맡게 된다. 분석이 아무리 간소화되고 쉬운 세상이 된다 해도 결과를 해석하는 경험은 반드시 필요하다.

　이런 경험을 늘리기 위해서는 남들이 해놓은 분석 케이스를 많이 보는 것도 중요하지만 꼭 '직접' 분석을 해봐야 한다. 말로 훈수를 두는 것은 쉽지만 직접 해보면 경험하는 바가 다르다. 데이터 분석을 꼭 한 번이라도 직접 해보고 이 과정에서 새로운 해석 가능성들을 찾아보는 시간을 가져야 한다.

　해석은 데이터 사이언티스트의 일 가운데 화룡점정이라 해도 과언이 아니다. 데이터 분석 결과 중 의미 있는 일을 가려내는 경험, 사람들이 받아들일 수 있는 얘기로 전달해보는 경험은 많으면 많을수록 좋다. 해가 거듭될수록 데이터 안에서 더 풍성한 얘기를 찾아낼 수 있게 된다.

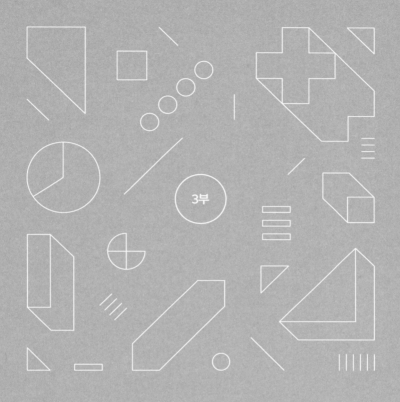

3부

데이터가 사람을 위해 일하게 만드는 법
: 데이터 사이언티스트 실무

5장

데이터 사이언티스트의 일

데이터에서 가치를 찾아라

앞서 데이터 사이언티스트는 현실과 데이터를 연결하는 역할을 한다고 했다. 눈에 보이지 않는 데이터로 눈에 보이는 현실을 설명하거나 웹/앱 화면 등에 보여지도록 연결한다. 그럼 대체 무엇을 하기 위해 현실과 데이터를 연결하는 걸까?

'데이터가 우리를 위해 일하도록' 하기 위해서다. 현실과 데이터를 연결했으니 데이터로 알아낸 것들이 다시 현실에 도움이 되게 하는 것이다.

데이터 관련 직종 종사자 — 데이터 애널리스트, 비즈니스 애널리스트, 데이터 엔지니어 — 는 기업이 각 전문가들에게 구체적으로 기대하는 역할이 조금씩 다를 뿐, 결국 비슷한 목적의 일을 하고 있다. 데이터가 기업에 도움이 되도록 하는 것이다.

데이터가 우리를 위해 일하도록 만든다는 건 무슨 뜻일까? 데이터에서 가치를 찾는다는 것이다. 가치는 정의하기 나름이기도 하고 사람마다 가치를 느끼는 지점도 달라서 설명하기 애매한 개념이긴 하지만 대체로 가치가 있는 일들은 다음과 같다. 기업이 데이터로 돈을 벌 수 있게 하는 일, 데이터에서 소비자의 마음을 찾는 일, 데이터가 조직의 의사결정을 돕도록 하는 일 등 데이터로 우리 삶을 나아지게 하는 일들이다.

그럼 데이터가 일하는 방식에는 무엇이 있을까? 예를 들어 한 커피 프랜차이즈 브랜드가 매장을 리모델링하려고 한다. 얼마나 큰 매장이어야 할지, 어떤 가구를 놓아야 할지, 어떤 제품을 주력으로 해야 할지 고민이 된다. 테이크아웃 고객이 많을지, 오래 앉아 있는 고객이 많을지에 따라서도 제품 구성과 매장 인테리어가 달라질 수 있다.

이때 데이터는 조금 더 합리적인 의사결정을 도와준다. 물론 데이터가 없더라도 직접 매장 근처에서 하루 정도 살펴보면 어

당신의 매장엔 소파가 더 많이 필요할까, 아니면 작은 의자가 더 많이 필요할까? 인테리어 디자인의 영역도 있겠지만 실제로 어떤 손님이 오는지에 따라 준비해야 할 의자도 달라진다.

떤 사람들이 다니는지 파악할 수도 있다. 그렇지만 혼자 관찰하는 것만으로 어떤 요일에, 어떤 시간대에, 어떤 사람들이 다니는지 속속들이 알 수는 없다. 사람을 고용해 관찰을 계속하고 기록하려면 상당한 비용과 노력이 들어간다.

반면 데이터는 간접적 방법으로도 유동 인구 정보를 줄 수 있다. 공공 기관에서 제공하는 사이트, 예를 들어 소상공인시장진흥공단(www.semas.or.kr)에서 제공하는 무료 데이터를 통해서도 카드사나 통신사 등과 협력해 통계 처리한 정보를 볼 수 있다. 특정 통신사와 카드사의 데이터이다 보니 전체 인구를 반영하지는 못하지만, 통계 처리한 데이터가 대표성이 있을 것이라는 가정하에 사용하는 데에는 무리가 없다.

내부 판매 데이터를 통해서는 어떤 사람들이 오가는지, 어떤 제품이 잘 팔리는지도 알 수 있다. 주로 방문하는 고객들의 특성에 따라 매장 크기를 정할 수도 있을 것이다. 잠깐 머무르는 고객이 많은지, 오래 앉아 있는 고객이 많은지, 혼자 공부를 하러 오는 고객인지, 아이와 함께 오는 고객인지에 따라 가구의 모양과 배치도 달라질 수 있다. 데이터가 있다면 이런 고객들이 무슨 요일, 어느 시간대에 많이 올지 추산할 수도 있다. 그리고 과거 구매 이력이 있다면 고객의 특성에 따라 메뉴를 추천할 수도 있을 것이다.

물론 이런 결정들은 사람의 오랜 경험과 감으로도 할 수 있다. 데이터가 없던 시절에도 그런 식으로 사업에 성공한 기업들이 많았다. 그렇지만 데이터는 당신의 감을 좀 더 정확하게 지지해주고 실패를 줄여줄 것이다. 또 미처 알아차리지 못한 채 숨어 있던 소비자의 필요까지도 발견하도록 도와줄 것이다. 소비자는 불편했던 지점들이 줄어들어 좋아하는 제품을 더 편리하게 살 수 있고, 기업은 그런 소비자들이 만족하며 지불하는 돈으로 이윤을 만들 수 있다. 당신은 기업 입장에서도, 소비자 입장에서도 혜택을 보게 된다.

데이터를 분석하는 일은 때로 금광에서 금을 찾는 일과 같다.

금은 금인데 사금처럼 정제를 해야 금을 얻는 경우도 많다. 정말 귀찮고 어려운 일이지만 사금도 금이다. 손이 많이 가는 데이터도 때로는 귀한 가치를 지닌다.

한없이 파는데도 필요 없어 보이는 흙만 나올 때도 있고, 도무지 뭐가 나올지 알 수 없는 시간을 보낼 때도 있고, 결국 금을 발견했는데 정제가 필요할 때도 있다. 그리고 마침내 순도 높은 금을 조금이라도 발견하면 큰 희열을 느끼게 된다. 그 순도 높은 금이 바로 소비자와 기업에 도움을 줄 수 있는 발견들이다.

감각, 기술, 소양을 갖춰라

———

이렇게 데이터에서 가치를 찾아내는 데이터 사이언티스트가 되려면 1부에서 언급한 통계, 기술, 인문 3가지 영역에서 역량을 갖춰야 한다.

먼저 통계학적 감각을 들 수 있다. 통계를 조금이라도 알고 있어야만 데이터 분석이 가능하다. 데이터가 어떻게 쌓여 있고 어떻게 활용될 수 있는지 숫자의 구조를 이해하지 못하면 분석 후에도 의미 없는 숫자를 만들어낼 확률이 높다.

통계적 감각은 평소에 익혀두지 않으면 한꺼번에 습득하기 어려운 역량으로 일의 구석구석에 영향을 미친다. 데이터를 몇 개의 그룹으로 만들 것인지, 이 그룹과 저 그룹을 비교할 때 기준을 어떻게 세울 것인지, 어떤 사례에 어떤 데이터모델을 써야 할지 등 데이터 분석 단계마다 필요한 역량이기 때문이다. 감각이 부족하다고 결정적인 문제가 되진 않지만 일을 하다 보면 아무래도 조금씩 티가 난다. 초심자라면 데이터로 차트를 만드는 책을 탐독하면서 좀 더 빨리 감각을 기를 수도 있을 것이다.

다음은 데이터를 다루는 기술이다. 이 기술을 익히기 위해 초등학생도 코딩을 배우는 시대가 되었다. 하지만 10년 뒤에는 코딩조차 필요 없는 세상이 올지도 모른다. 기술보다 더 중요한 것은 코딩한 내용이 가지고 있어야 할 기본적인 '논리' 혹은 데이터 처리 기술로 얻을 수 있는 결과물의 '이해'라고 생각한다. 코딩 기술 자체는 변할 수 있지만 그 원리는 변하지 않을 것이기 때문이다.

마지막으로 데이터의 목적을 설정하고 데이터의 결과물로 사람을 설득할 수 있는 인문학적 소양이다. 1부에서도 말했듯이 이 역량은 인문계 출신 데이터 사이언티스트를 가장 빛나게 할 수 있는 부분이기도 하다. 문과생이라고 해도 데이터 사이언티스트가 커뮤니케이션 전문가인 프레젠터나 강사만큼 달변가가 되기는 어려울 수 있다. 다만 3가지 역량 중 이과 전공생에 비해 상대적으로 장점을 가질 수 있는 영역이라는 뜻이다.

물론 인력이 충분하다면 각자 역할의 장점과 전문성을 살려 데이터 애널리스트는 통계에 좀 더 집중하고, 데이터 엔지니어는 기술에 좀 더 집중할 수도 있다. 하지만 데이터 사이언티스트로서 3가지 역량을 균형 있게 갖추기 위해 최대한 노력해볼 수는 있다. 여러 번 강조하지만 데이터 사이언티스트는 본인이 전문성을 갖고 있던 1가지 역량을 기반으로 3가지 역량의 균형을 맞추기 위해 고군분투하는 사람들이라고 생각한다. 세 역량

전문성 있는 조직이라면 당연히 여러 사람이 협업하는 과정이 존재한다. 하지만 데이터 비전문가가 데이터를 요청해 별도의 조직에서 데이터를 추출하는 사이 의미 왜곡과 시간 소요가 필연적으로 발생한다.

을 갖추고 있으면 상당히 효율적으로, 의미 있는 일들을 할 수 있기 때문이다.

예를 들어 데이터를 어떻게 분석하면 좋을지 스스로 데이터 분석 주제를 찾아내는 사람은 프로젝트에서 주도적인 역할을 할 수 있다. 수동적으로 남의 요청에만 응답하는 사람과 달리 분석 주제를 잡아내면 데이터에 관한 이해를 바탕으로 독보적인 결과물들을 만들어낼 수 있다.

또 데이터를 다루는 기술이 없어 다른 전문가에게 요청한 뒤 기다리게 되면 단 몇 시간이라도 지연이 발생하며 의미 전달을 하는 데만도 수일이 소요된다. 이 지연은 시간 지연뿐 아니라 의미 왜곡도 발생시킨다.

데이터 사이언티스트는 이런 누수를 최소한으로 줄여주는 역할도 할 수 있다. 현재 보유하고 있는 데이터의 구조를 알기 때문에 효율적인 데이터 생성 방법을 찾고 데이터 결과물에 관한 이미지까지 구상할 수 있어 데이터를 필요한 곳에 좀 더 빠르게 전달할 수 있다. 여러 사람이 함께 일하는 상황이라면 일종의 연결 고리 역할도 할 수 있고, 인력이 부족한 상황이라면 혼자서도 빠르게 데이터를 분석할 수 있다.

다양한 프로젝트들

———

이제는 데이터로 할 수 있는 일이 아주 다양해졌기 때문에 경영진이나 실무 부서의 요청에 따라 수동적으로 프로젝트를 진행하는 것이 아니라 데이터 사이언티스트 스스로 능동적이고 적극적으로 데이터를 활용할 수 있다. 데이터로 할 수 있는 일이

다양한 만큼 데이터 전문가인 데이터 사이언티스트가 할 수 있는 일들도 다양하다.

그래서 한 사람의 경험이 데이터 사이언티스트가 하는 일의 전부라고 말할 수는 없다. 어떤 사람은 오프라인 매장이 있는 기업에 다닌 기간이 길고, 데이터에서 인사이트를 발견해 의사결정자, 실무 부서와 커뮤니케이션하는 일을 많이 할 수도 있다. 어떤 사람은 온라인에서 웹/앱을 분석하고 실제 화면에 반영되는 모델을 만들어내기도 한다. 각자 다양한 회사의 다양한 팀에서 수없이 많은 프로젝트를 진행한다.

이렇게 다양한 프로젝트는 크게 2가지 유형으로 나눠볼 수 있다. 데이터의 분석 결과가 의사결정자나 타 부서 등에 전달되어 '인사이트를 사람에게 전달하는 경우', 그리고 데이터가 IT서비스에서 움직일 수 있도록 알고리즘 등의 형식으로 '데이터를 실제 IT서비스에 반영하는 경우'다.

프로젝트 유형 1: 인사이트를 사람에게 전달하는 경우
———

데이터 사이언티스트는 실제 웹/앱을 만드는 경우가 아니라면 '인사이트를 사람에게 전달'하는 프로젝트를 많이 맡는다. 개인적으로 재밌게 하는 프로젝트 유형은 소비자의 행동에서 인사이트를 발견하는 일이다. 데이터 속에서 소비자들이 어떤 행동 패턴을 보였는지 또 그 행동을 하게 되는 이유는 무엇인지 발견해 다음 서비스나 제품 기획에 반영될 수 있도록 돕는다.

'인사이트' 중심의 프로젝트를 진행하는 순서는 일반적으로 다음과 같다.

- **프로젝트 초반: 기획**
1. **프로젝트의 목적을 정한다.**
2. **유관 부서의 현황과 궁금증을 듣는다.**
3. **프로젝트와 관련된 데이터를 최대한 끌어모은다.**

- **프로젝트 중반: 분석**
4. **목적에 맞는 가설들을 검증한다.**
5. **검증한 가설들의 조각을 모아 하나의 얘기를 만든다.**
6. **실제 개선할 수 있는 구체적 방향을 제언한다.**

- **프로젝트 후반: 실행**
7. **유관 부서와 개선 방안을 논의하고 실행을 돕는다.**

8. 실행 효과를 데이터로 검증한다.

9. 분석 – 실행 – 분석을 통해 확인한 것들로 다음 실행을 준비한다.

　각 단계에서 강조되는 역량은 다음의 표와 같다. 현재 해당 영역에 대한 자신의 역량이 부족하다면 채우려 노력하거나 그 역량을 가진 팀원들과 함께 진행하면 된다. 프로젝트는 혼자 하는 경우가 많지 않으므로 자신의 역할이 어느 단계에서 빛을 발할지 잘 생각해보자.

단계	내용	주요 역량		
		기술	통계	인문
기획	프로젝트 목적 수립		○	○
	현장/유관 부서 파악		○	○
	데이터 확인/생성	○	○	
분석	데이터 분석/모델링	○	○	
	데이터 스토리텔링		○	○
	개선 방향 제언			○

	실행 방안 기획			○
실행	실행 후 효과 분석	○	○	
	향후 가이드 수립			○

〈예시〉 1인 가구 프로젝트

1. 프로젝트의 목적을 정한다.

당신의 회사에서 1인 가구를 위한 제품을 만들고자 한다. 최근
들어 1인 가구가 많아졌다고 하는데, 우리 회사에 1인 가구에
적합한 제품이 있는지 제품 보유 현황을 파악하고 기회를 찾아
보려고 한다. 필요하다면 새 제품을 만들거나 혹은 기존 제품의
마케팅 방법을 바꿔볼 생각이다. 웹/앱에서 소비자의 가구 특성
에 따라 정보를 다르게 보여줄 수도 있다.

2. 유관 부서의 현황과 궁금증을 듣는다.

마케팅 팀, 제품 개발 팀 등 유관 부서의 얘기를 들어본다. 오프
라인 매장이 있다면 매장 판매자들에게 1인 가구로 추정되는
사람들의 구매 경향이 어떤지도 물어볼 수 있다. 현재 회사의

현황을 솔직하게 들려달라고 요청한다.

　매장에서 눈으로 관찰하는 것만으로는 구매자가 1인 가구인지 아닌지 정확히 알 수 없지만 소비자가 중량당 가격이 다소 비싸더라도 양이 적은 소분 제품을 구매한다든지, 이미 완제품으로 나와 있는 세트를 구매한다든지 혹은 2인 가구까지는 구매 용량에 차이가 없다든지 등으로 1인 가구의 구매 패턴을 파악할 수 있다.

　현황 청취에서 무엇보다 중요한 것은 현재 상태에 불편함을 느끼는 부분은 없는지 파악하는 것이다. 만족 또는 불만족의 이유를 알면 기회를 잡기가 더 쉬워진다.

3. 프로젝트와 관련된 데이터를 최대한 끌어모은다.

우리 회사 고객 중 1인 가구가 누구인지 정의하기는 어려울 수도 있다. 만약 멤버십에 가입한 고객 수가 충분하다면 1인 가구를 특정할 방법을 찾는 것도 분석 과정에 필요하다. 응답자가 소정의 보상을 받고 응답하는 경우라면 가구 내 몇 명이 거주하는지 설문할 수도 있다.

　통계청에서 제공하는 1인 가구의 인구 특성을 찾아보거나 외부 리서치 기업에서 만든 보고서, 기타 활용할 만한 데이터가 있는지도 알아본다. 한 예로 다음소프트에서 소셜 미디어 데이터를 분석한 보고서를 살펴보면 최근 1인 가구 수가 급증한 현상 이면에 여러 유형의 1인 가구가 있음을 알 수 있다. 1인 가구는 단순히 혼자 산다는 사실이 중요한 것이 아니라 어떤 방식으로 살아가는지에 따라 다른 인사이트를 준다.

학업을 위해 사는 지역을 옮겨 온 것인지, 사회 초년생인지, 아니면 노령 1인 가구인지에 따라서도 삶의 방식은 달라진다. 혼자 사는 것이 자유롭다고 느끼는 1인도 있을 것이고 외롭다고 생각하는 1인도 있을 것이다. 이런 1인 가구의 정의와 비율에 따라 우리 회사가 새롭게 만들어낼 수 있는 시장도 달라진다. 물론 외부 자료에서 제시하는 유형을 그대로 따를 필요는 없다. 우리 회사에 적용할 수 있는 새로운 로직을 만들기 위한 참고 자료 정도로 생각하는 것이 좋다.

4. 목적에 맞는 가설들을 검증한다.

우리의 제품/서비스를 이용하는 고객 중 1인 가구가 얼마나 되고, 그들의 구매 패턴과 우리 제품/서비스가 얼마나 일치하는지 그리고 그들의 구매 패턴에서 우리가 아직 준비하지 못한 것이 있다면 무엇인지 등 연구 문제나 가설을 만들어 분석하고 검증한다. 예를 들어 집에서 혼자 취미 생활을 즐기는 1인 가구에 맞는 제품은 준비했지만 식생활 변화에 따른 제품은 준비할 수 있었는데도 아직 실행에 옮기지 못했을 수도 있다.

웹/앱에서 특정 제품을 보여주는 로직을 만들어낼 수도 있다. 1인 가구만을 대상으로 한 별도의 카테고리를 만들어 소량의 식재료 등을 상위에 보여주는 방법도 있다. 대조군으로 2인 이상 가구와 비교하거나 시장 전체 상황 혹은 우리 회사의 평균 고객과 비교할 수도 있다. 이때 1인 가구와 2인 가구의 차이가 있을 수도 있고 없을 수도 있는데, 이는 여러 종류의 분석이 모두 끝난 다음 판단하도록 한다. 특정 일시의 구매 특이점이나 향후 매출 규모의 추산도 가능한 연구 범위일 수 있다.

5. 검증한 가설들의 조각을 모아 하나의 얘기를 만든다.

회사 내부에서 1인 가구에 대한 이해가 부족하다면 그 얘기부터 시작할 수 있다. 1인 가구의 비중이 얼마나 늘어나고 있는 추세이며 지금 회사의 타깃 고객과 얼마나 일치하기 때문에 그들을 위한 제품/서비스를 만들어야 하는지 당위성을 설명한다. 현재 1인 가구가 어떤 구매 패턴을 보이고 있고, 그 패턴이 우리 제품 현황과 어떻게 다른지도 전달한다. 회사 안에서 관심을 얻지 못한다면 제품이 시장으로 나갈 확률은 줄어든다. 데이터 분석 결과를 토대로 회사 사람들을 설득하는 것이 중요하다.

6. 실제 개선할 수 있는 구체적 방향을 제언한다.

1인 가구 구매 패턴의 어떤 점이 2인 이상 가구와 다른지 정의할 수 있다면 마케팅의 큰 방향을 제언할 수 있을 것이다. 고객의 구매 패턴뿐만 아니라 제품을 만들 경우 드는 비용과 손익분기점을 추정하는 분석을 통해 제품 개발 방향을 제언할 수도 있다. 또한 시장 가능성을 추정할 때 데이터가 충분히 뒷받침된다면 '우리 타깃 고객으로 맞지 않는다'는 제언을 할 수도 있다.

7. 유관 부서와 개선 방안을 논의하고 실행을 돕는다.

이런 방식이 처음이라면 최대한 가볍고 빠른 실행 방법을 찾아보는 것이 좋다. 여러 조건과 대안을 만들어 빨리 실행해보고 개선할 수 있으면 향후 더 큰 규모의 의사결정을 내릴 때의 근거를 마련할 수 있다.

또 분석 결과를 유관 부서에 전달했을 때 당신과 의견이 일치할 수도, 일치하지 않을 수도 있다. 1인 가구의 시장 가능성을 인정하지 않을 수도 있고, 현재 제품을 개발할 수 없는 현실적인 조건을 얘기할 수도 있다. 이때는 의사결정자들의 역할도 중요하다. 여러 부서가 하나의 프로젝트를 위해 힘을 모을 수 있도록 조정하는 것이다. 이를 위해 데이터 사이언티스트는 데이터가 보여주는 방향성을 충분히 전달할 수 있어야 한다.

8. 실행 효과를 데이터로 검증한다.

유관 부서와 협의 끝에 1인 가구용 마케팅을 실행했다고 가정하자. 실행 결과 기존 판매와 어떤 차이가 있었는지, 어떤 고객층이 움직였는지, 효과가 전혀 없었다면 왜 그랬는지 검증할 수 있는 방법을 미리 설정해둔다.

예를 들어 1인 가구를 위한 제품을 일단 전국이 아닌 몇 개 매장에서만 일주일 동안 판매하기로 했다고 하자. 판매 매장으로는 1인 가구가 많을 것이라고 예상한 오피스텔 근처 매장을 선정했다. 그런데 일주일이 지나고 보니 매장별로 비슷비슷하게 판매된 것 같은데 오피스텔 근처에서만 팔았기 때문에 잘된 건지 아닌지 잘 모르겠다.

이럴 때는 지역이나 인근 건물의 조건이 비슷한지 그리고 오피스텔이 아닌 다른 상권 — 예를 들어 가족들이 많이 거주하는 아파트 근처 혹은 오피스 근처 매장 — 도 몇 군데 선정해 상권

간 비교를 해줘야 다음에 의사를 결정하기 좋다. 상권 간 차이가 없었다면 전국으로 마케팅을 확대할 때 군이 오피스텔 근처에서만 팔 필요가 없으며, 상권 간 차이가 명확했다면 그 상권에 집중해 판매하면 된다. 검증 방법을 미리 고민하지 않고 실행하면 나중에 성패의 원인을 파악할 수 없게 된다.

9. 분석-실행-분석을 통해 확인한 것들로 다음 실행을 준비한다.

실행 분석을 해보니 1인 가구 시장의 가능성을 엿볼 수 있었다고 하자. 그렇다면 앞으로 얼마나 더 큰 시장을 준비해야 하는지, 이번에 새로운 고객들이 반응했는지 아니면 기존 고객들이 반응했는지, 새로운 고객층을 더 끌어오기 위해 접근해볼 만한 채널은 무엇인지 고민해볼 수 있을 것이다. 이 과정에서 기존 고객들의 구매 패턴 변화를 확인할 수 있었다면 앞으로도 이고객들에게 어떤 변화가 있는지 살펴볼 수 있다. 성공과 실패의 시사점은 데이터로 정리해둔다.

———

이렇게 의사결정자 혹은 실무자에게 인사이트를 전달하는 프로젝트를 할 때는 대략 위의 예시와 같은 과정을 거친다. 이 과정을 좀 더 일반화해 정리하면 다음과 같다.

[기획] 문제를 찾고 데이터를 모은다

프로젝트를 시작할 때는 당면한 문제가 무엇인지 탐색해야 한다. 새로운 제품이나 서비스를 기획하는 단계인지, 특정 고객들에 대한 이해가 필요한 시점인지, 특정 상권 탐구가 필요한지, 이 모든 것들을 조금씩이라도 포함하는 큰 규모의 프로젝트인지 결정한다. 너무 작은 단위의 문제는 실행하기가 어렵고, 너무 큰 프로젝트는 시간과 에너지를 낭비하게 될 가능성이 있다.

프로젝트 초기에는 커뮤니케이션 역량과 논리적 상상력이 필요하다. 경영 관점에서 정의한 문제가 데이터로 접근 가능한 것인지 데이터 사이언티스트의 머릿속에서 대략적으로라도 그려져야 한다.

데이터 프로젝트는 처음부터 목적과 방향성을 갖고 있어야 한다.

1. 프로젝트의 목적을 정한다.

프로젝트의 목적을 명확하게 그려야 한다. 창의적인 탐색을 위해 구체적인 결과물까지 정하지는 않더라도 최소한 구체적인 키워드는 있어야 한다. 제품의 유형이 될 수도 있고 타깃이 될 수도 있고 특정 상권이 될 수도 있다. '지금 왜 A라는 제품만 유독 판매가 저조한가?'처럼 공감할 만한 위기의식이라도 있어야 한다.

흔히 빅데이터라고 하면 바다와 같은 정보 속에서 생각지도 못했던 진주를 발견할 것이라 생각한다. 드물게 그런 경우도 있지만 일반적으로 데이터는 목적을 가져야만 제대로 활용될 수 있다. 프로젝트의 목적이 뚜렷하지 않고 '뭔가 재밌는 것', '뭔가 새로운 것', '데이터와 분석할 사람이 있으니 성과를 낼 만한 것'을 찾는다면 몇 년이 흘러도 손에 잡히는 결과를 얻지 못할 수도 있다.

"우리 조직에 쌓여 있는 결과물들을 한곳에 모으자"라든지, "지금 우리 매장 중 실적이 나쁜 곳을 분석하자" 등의 데이터 관련 프로젝트를 시작했다고 가정해보자. 그렇다면 데이터를 모으는 데 그치지 않고 한곳에 모은 결과물을 활용해 무엇을 할 것인지를, 실적이 나쁜 곳들을 분석한 뒤 개선 방안을 실제로 시장에 얼마나 빠르게 실행해 반영할지를 함께 제시해줘야 한다.

또한 단순히 '새로운 기술이나 도구를 도입하는 것'이 프로젝트의 목적이 되면 도입으로 만족해야 하는 경우가 많다. 미리 활용처를 생각해두지 않으면 기술 도입이 향후 어떤 성과를 가져오는지 확인하기 어려워지기도 한다.

2. 유관 부서의 얘기를 듣는다. 그리고(또는) 현장에 방문한다.

프로젝트 주제에 관한 현황을 파악해야 한다. 데이터 사이언티스트는 평소 알기 어려운 회사의 히스토리를 짧은 시간 안에 간파할 필요가 있다. 다른 부서 담당자들이 사전에 이 주제를 작업했다면 그 내용을 살펴볼 수도 있다. 하지만 타인에게 공유받은 문서만으로 멋대로 상상하지 말고, 현장에 직접 가보거나 실제로 일하는 사람들의 얘기를 들어봐야 한다. 그 얘기 가운데 중요한 분석 주제가 나올 수도 있고 때로는 해결을 위한 실마리까지 발견할 수도 있다.

이때 데이터의 조건을 미리 고려해 궁금증을 얘기하는 실무자는 많지 않다. 현실과 데이터를 잇는 일은 데이터 사이언티스트가 수행해야 한다. 현장에서 일어나는 문제점의 원인을 파악하고 싶다면 어떤 데이터로 그 문제점을 증명하고 어떤 데이터로 해결책을 찾을 수 있을지 상상해야 한다.

데이터 사이언티스트가 직접 유관 부서 사람들의 얘기를 듣고 가설을 세우는 것이 무엇보다 중요하다. "××가 궁금하니 이런저런 숫자들을 만들어주세요"라고 답이 정해진 상태에서 데이터 분석 결과만을 추출하는 것은 빅데이터 전문가가 아니어도 할 수 있는 일이다.

데이터 안에서 더 나은 가치들을 발견하기 위해서는 데이터 사이언티스트가 직접 문제를 만들어낼 수 있어야 한다. 실무자들의 소중한 경험을 존중하며 경청하는 단계도 필수적이지만 그저 요청에 대응만 하는 것은 훗날 인공지능이 대체할 수 있는 일이 될 것이다.

3. 프로젝트와 관련된 데이터를 최대한 끌어모은다.

프로젝트와 관련된 데이터는 무엇이 있고, 그 데이터를 얻으려면 어떻게 해야 하는지 프로젝트 주제가 정해지자마자 파악해야 한다. 데이터를 모으는 데 시간이 꽤 걸릴 수도 있으니 반드시 포함되거나 미리 요청할 수 있는 데이터들을 어떻게 분석 가능한 환경으로 끌고 들어올지 계획해놓아야 한다. 더 필요한 데이터가 생기면 그때 추가로 데이터를 확보해나가면 된다.

필요할 경우 우리 조직이 갖고 있지 않은 외부 데이터는 없는지 찾아본다. 공개되어 있는 무료 데이터는 없는지 살펴보고, 만약 특정 기업에만 존재하는 데이터를 구매해야 한다면 예산을 확보해놓아야 한다.

[분석] 데이터를 분석하고 결과를 전달한다

프로젝트의 목적과 현황을 파악하고 데이터를 확보했다면 이제 데이터 사이언티스트가 혼자만의 싸움을 시작할 차례다. 다시 말해 분석 전문가로서의 역량이 가장 강조되는 시간이다. 다른 데이터 사이언티스트, 데이터 엔지니어, 데이터 애널리스트, 그로스 해커 등으로 불리는 동료들과 함께 일할 수도 있다.

다른 단계에서는 타 부서와의 협업이 많지만 이 단계에서는 전문가로서 데이터 사이언티스트의 능력이 핵심이다. 주변과의 커뮤니케이션 시간은 줄어들고 데이터와 데이터 사이언티스트 둘만의 시간이 많아진다. 기술이 가장 많이 필요한 일이며 데이터 사이언티스트만이 할 수 있는 일이기도 하다.

4. 목적에 맞는 가설들을 검증하고 모델을 만든다.

사람들이 일반적으로 생각하는 '데이터 사이언티스트가 하는 일'의 대부분이 여기에 속할 수 있다. 데이터를 분석하고, 통계 모델을 만들고, 가설을 검증하고, 기계학습을 하고, 의미 있는 것들을 가려낸다.

이때 기술 역량이 있는 사람은 더 쉽게, 더 빠르게, 더 고도화된 분석을 할 수 있다. 데이터 '사이언티스트'란 단어가 다른 전문가들의 이름과 구별되는 이유이기도 하다.

회사원들이 많이 사용하는 분석 도구(엑셀, 넘버스, 스프레드시트, SPSS*, SAS** 등)를 잘 다루는 데이터 분석가를 예로 들어보겠다. 이 도구만으로도 훌륭한 분석을 할 수 있고 대부분의 통계 검증이 가능하다. 하지만 데이터가 가치를 갖는 것은 데이터가 의미 있는 얘기를 해줄 때이기 때문에 데이터의 용량이나 분석 도구는 그리 중요하지 않다. 분석 결과로 회사의 의사결정을 돕고 소비자에게 도움이 되는 방안을 만들어낼 수 있을 때 데이터는 큰 가치를 지닌다.

'빅데이터', 일반적인 분석 도구 안에 담기지 않는 용량의 큰

---

*　　Statistical Package for the Social Sciences. 사회과학을 위한 통계 패키지. 광범위한 분류와 자료 수정, 변형 기능이 있어 실험적인 자료나 시계열 자료, 데이터베이스 관리 패키지로 폭넓게 사용되고 있다.

**　Statistical Analysis System. 통계 분석 시스템. 최근에는 기능이 통합 발전되어 전략적 응용시스템(Strategic Application System)의 약자로 쓰이고 있다. 자료 관리와 효율성이 다른 패키지에 비해 높지만 가격이 비싸고 용량이 커서 개인이 사용하기에는 부담이 있다.

데이터와 그 데이터를 다룰 수 있는 기술 및 언어(파이선*, R**, SQL*** 등)를 알고 있다면 분석 범위와 깊이가 달라진다. 마치 삽과 굴삭기의 차이처럼, 데이터의 처리 용량과 속도에서도 차이가 난다. 분석 주제가 무엇인지에 따라 쓸 수 있는 통계 모델이 다르고 사용할 수 있는 기술도 달라진다. 이 내용은 다른 장에서 좀 더 자세히 다룰 것이다.

5. 검증한 가설들의 조각을 모아 하나의 얘기를 만든다.

데이터 분석 결과 예상했던 것과 같은 내용도 있고 다른 내용도 있을 것이다. 프로젝트 전체에서 원하는 답을 하나의 데이터 분석을 통해 얻을 수는 없다. 각 가설에 맞는 다양한 분석을 통해 답을 얻었다면 이제 다시 프로젝트 전체의 큰 그림을 봐야 할 때다. 이 그림은 사람들이 공감할 수 있게끔 그려야 한다. 프로

---

*   python. 프로그래밍언어의 하나. 다양한 분야에 활용할 수 있으며 머신러닝, 그래픽, 웹 개발 등 여러 업계에서 선호하는 언어로 꾸준히 성장하고 있다.

**   빅데이터 통계분석 및 그래프를 위한 언어. 주로 연구 및 산업별 응용프로그램으로 많이 사용되고 있다.

*** Structured Query Language, 구조화 질의어. 데이터베이스와 소통하기 위한 언어로 'Structured'가 의미하듯 이미 정해진(구조화된) 질의 언어다. 데이터베이스에서 쓰이는 언어 중 가장 많이 사용되고 있으며, 'SELECT, FROM, WHERE' 구조로 특징지을 수 있는 관계 사상을 기초로 한다. 예를 들어 마케팅 팀 직원의 이름, 주소, 전화번호를 검색한다고 할 때 SELECT는 '이름, 주소, 전화번호', FROM은 '직원', WHERE은 '마케팅'으로 볼 수 있다.

젝트 초기에 기획한 방향에 따라 전체적인 구조를 만든다.

하나하나의 데이터 분석을 마친 것은 퍼즐의 조각들을 모으기만 한 상태다. 이제 퍼즐 조각을 맞춰볼 차례다. 각 조각들은 논리적으로 끼워 맞춰져야 하며 앞의 분석과 뒤의 분석이 앞뒤가 안 맞는 내용이라면 왜 그런지도 설명할 수 있어야 한다.

하나의 분석 단위 문장들에 연결 고리를 끼워 넣어 얘기를 만들어낸다. 이 얘기의 방향성에 따라 실제 기업이 만들 수 있는 제품이나 서비스의 색채가 달라진다.

6. 실제 개선할 수 있는 구체적 방향을 제언한다.

자, 지금까지 기술과 통계적 전문성을 토대로 분석한 데이터의 결과를 전달하기 위해 분석 결과들을 하나의 얘기로 만들었다. 그렇다면 그 얘기가 향하고 있는 곳은 어디인가? 데이터는 지금 이 프로젝트가 어느 방향으로 가야 한다고 말하고 있는가?

세부 방안을 만드는 것은 실무자들의 몫이다. 하지만 데이터를 해석하고 방향성까지 얘기해줄 수 있다면 데이터 사이언티스트로서 더 많은 가치를 만들 수 있다. 데이터 분석에서 그치는 것이 아니라 실제 시장에서 실행할 수 있고 소비자에게 도움을 줄 수 있는 방안을 만드는 중요한 단계다. 기획 단계에서는 현실을 데이터와 연결했다면 제언 단계에서는 데이터를 다시 현실과 연결한다.

[실행] 데이터로 의사결정 과정을 지원하고 효과를 검증한다

일반적으로 데이터 분석 프로젝트는 위의 6단계가 끝나면 결과 보고서를 공유하거나 새로운 통계 모델을 적용할 수 있도록 쿼리*를 전달하는 것으로 마무리된다. 외부 컨설팅업체처럼 교과서적인 얘기를 해도 괜찮은 역할까지만 할 수도 있다.

하지만 실제로 제품과 서비스가 나오는 과정에도 데이터가 얘기하는 바가 적용되고 있는지, 적용해본 결과 어떤 성공과 실패를 했는지, 실패했다면 그 원인은 무엇인지 다시 분석하는 과정이 있어야 한다. 여기까지 해야 진정으로 '데이터가 일하는 회사'가 된다.

실제 제품이나 서비스가 소비자에게 전달되는 과정에서 여러 현실적 문제로 인해 기획 단계와 큰 차이가 생기기도 한다. 이 모두를 데이터 사이언티스트가 책임질 수는 없지만, 의사결정 과정을 지속적으로 데이터로 지원해준다는 의미에서 실행까지

---

* query language, 질의어. 데이터를 검색하기 위한 언어라고 볼 수 있다. 데이터 분석을 위한 기술 역량을 배울 때 쿼리를 학습한다.

함께해야 한다.

7. 유관 부서와 개선 방안을 논의하고 실행을 돕는다.

프로젝트 기획 단계에 함께했던 유관 부서 실무자들과 다시 만나 결과물을 전달한다. 일방적으로 결과를 보고하거나 공유하는 자리가 아니다. 결과를 공유하고 다시 의견을 듣는 자리다. 데이터가 말하고 있는 것들을 어떻게 하면 현실에 담을 수 있는지 함께 얘기한다.

데이터에서 현실의 문제점이 발견되었을 때 강한 저항을 만날 수도 있다. 예를 들어 제품이 소비자에게 매력적이지 않다거나 마케팅 시기가 좋지 않았다거나 특정 조직이 간과하고 있던 문제점들이 발견되는 것이다. 이때 조직 문화가 중요한데, 문제점을 가지고 호통을 치거나 지적을 하는 문화라면 데이터 분석 결과가 개선으로까지 이어지기 어렵다.

이 자리는 진심으로 더 나은 방향으로 나가고자 하는 토론의 장이 되어야 한다. 데이터 분석 결과들을 옳고 그름으로 보는 것이 아니라 하나의 현상으로 받아들이고 지금보다 발전된 방향으로 가기 위한 참고 자료로 사용해야 한다. 위에서 아래로 지시하는 것이 아니라 여러 부서와 함께 프로젝트의 실행 방향을 함께 맞춰가는 것이다.

8. 실행 효과를 데이터로 검증한다.

프로젝트의 기획부터 시작해 어렵게 실행까지 왔다. 소비자들에게 실제 제품이나 서비스가 나가게 되었든, 홈페이지 화면에 새로운 방법으로 제품이 노출되었든, 특정 상권에 맞는 특정 제품이 제작되었든, 타깃 고객들이 원하는 제품이 만들어졌든 무엇이든 좋다. 더 나은 방향으로 실행을 하는 것이 중요하다. 데이터는 그 실행 과정에서 실패 가능성이 최소화되도록 계속 도와야 한다.

그리고 실행 결과를 다시 분석해야 한다. 이때 좋은 결과만 살려둬서는 안 된다. 결과가 썩 좋지 않았다면 — 기업의 입장에서 매출이 좋지 않았다면 — 왜 그랬는지 반드시 탐색해야 한다.

데이터 해석이 잘못되었는가? 데이터 해석 방향은 맞았지만 시장 상황이 바뀌었는가? 제품이나 서비스의 마케팅 방향이 잘못되었는가? 타깃 고객들과 커뮤니케이션하는 방식이 잘못되었는가? 이 프로젝트 자체가 처음부터 방향을 잘못 잡고 있지는 않았는가?(그러지 않길 바란다.)

이때 이해관계 때문에 좋지 않은 결과물을 숨기면 다음번에도 더 나은 실행을 기대하기 어렵다.

9. 분석-실행-분석을 통해 확인한 것들로 다음 실행을 준비한다.

8단계까지 하고 나면 일반적인 프로젝트보다 한발 더 나아간 단계까지 실행했다는 느낌이 들 것이다. 그런데 여기서 다시 한 단계 더 나아가 다음을 위한 데이터 분석 결과를 정리해두는 것이 좋다. 1회의 성공이나 실패가 다음 몇 년 동안 유지되지 않게 하기 위해서다.

"그거 전에 해봤는데 잘됐어!"라며 계속했는데 회를 거듭할수록 효과가 떨어질 수도 있다. "그거 전에 해봤는데 실패했어. 해보나 마나야"라며 새로운 가능성이 차단될 수도 있다.

왜 성공했고 왜 실패했는지 알아야 다음에 다른 환경에서 또 사용할 수 있다. 데이터 사이언티스트가 이 분석 과정에까지 동반해야 '데이터가 회사를 위해 일하는 회사'라고 할 수 있다.

프로젝트 유형 2: 데이터를 실제 IT서비스에 반영하는 경우

IT기업에서는 아무래도 웹/앱 내 기능이나 구성을 최적화하기 위한 분석을 하는 경우가 많은 편이다. 웹이나 앱이 있는 회사에서 일할 때 데이터 사이언티스트의 역할은 인사이트를 전달할 때와 비슷하면서도 다르다. 물론 프로젝트에 따라서도 달라진다. 좀 더 기술적 역량을 요하거나 개발자와의 협업이 반드시 필요하다. 내 분석이 웹/앱의 기술 기반 서비스에 반영되므로 기술에 대한 이해가 더 요구되는 것은 필연적이다.

실리콘밸리에서 억대 연봉을 받는다고 알려진 데이터 사이언티스트들은 대부분 직접 기술적 문제를 해결한다. 무인 자동차의 알고리즘을 만들거나 웹/앱의 추천 알고리즘을 만들어내기도 한다. 물론 대기업에서 개인 데이터 사이언티스트 1명이 모든 것을 만드는 경우는 드물지만 1명이 기술, 통계, 인문 역량을 모두 갖춰야만 가능한 프로젝트를 수행한다.

다음은 데이터 분석 결과 만들어진 알고리즘이 IT서비스나 웹/앱에 직접 반영되는 프로젝트의 일반적인 프로세스다.

- **프로젝트 초반: 기획**
1. **기한 내 수행할 프로젝트의 범위를 정한다.**
2. **유관 부서의 필요를 듣고 함께 연구해야 할 문제를 정한다.**
3. **현재 웹/앱 데이터를 확인하고 필요하다면 추가 데이터를 모은다.**

· 프로젝트 중반: 분석

4. 목적에 맞는 가설들을 검증한다.

5. 가설을 실제 웹/앱에 반영할 수 있는지 구체화한다.

6. 필요하다면 수식이나 알고리즘을 만든다.

· 프로젝트 후반: 실행

7. 개발 담당자들과 반영 여부를 논의한 후 실제 웹/앱에 반영한다. 가능하다면 미리 테스트를 한다.

8. 실행 효과를 데이터로 검증한다. 대안을 미리 만들어두었다면 가장 나은 것을 선택한다.

9. 향후 웹/앱에서 실제 고객들의 반응을 지속적으로 추적하고 필요하다면 모델을 수정·보완한다.

각 단계에서 강조되는 역량은 다음의 표와 같다. 사람에게 인사이트를 전달하는 프로젝트와는 달리 실제로 웹/앱에 분석 모델이 사용되는 경우에는 엔지니어와의 협업이 많아진다. 웹/앱에서 어떤 에러를 만들어내지는 않는지, 상충되는 부분은 없는지 확인하면서 프로젝트를 진행한다. 인문적 역량보다는 기술적 역량이 좀 더 강조될 수밖에 없다.

단계	내용	주요 역량		
		기술	통계	인문
기획	프로젝트 범위 구체화	○	○	○
	연구 문제 정의		○	○
	데이터 확인/생성	○	○	
분석	데이터 분석	○	○	
	모델 구체화	○	○	○
	모델 정교화	○	○	
실행	웹/앱 반영 협업	○	○	
	AB 테스트 및 검증	○	○	○
	모델 고도화		○	○

〈예시〉 서점 멤버십 회원을 대상으로 한 제품 추천 서비스 프로젝트

1. 기한 내 수행할 프로젝트의 범위를 정한다.

멤버십 회원들이 서점 웹/앱에 로그인하고 어떤 책을 검색했을 때 그 제품과 연관되는 다른 책을 추천해주는 기능을 추가하고

자 한다. 그 책을 산 다른 사람들이 함께 구매한 것을 보여줄 수도 있고, 그 책과 유사한 속성(장르, 주제, 작가 등)을 가진 책을 보여줄 수도 있고, 그 책과 어울릴 만한 다른 제품들을 보여줄 수도 있고, 멤버십 회원의 인구통계학적 특성과 유사한 사람들의 구매 순위를 보여줄 수도 있고, 지금 실시간 인기 품목을 보여줄 수도 있다.

모든 것이 가능하나 모든 것을 한꺼번에 진행하기는 어렵다. 빠르게 개선되어야 할 시급한 프로젝트, 언젠가 해야 하지만 당장 급하진 않아서 천천히 진행할 중·장기적 프로젝트를 나누는 것도 방법이다. 2년 뒤에 사라질지도 모르는 기능을 1년 걸려서 만드는 것은 어리석은 일이 될 수 있으니 장기적 관점에서 프로젝트의 단위를 나눠보는 것도 좋다.

2. 유관 부서의 필요를 듣고 함께 연구해야 할 문제를 정한다.

실제로 제품을 준비하는 구매 팀이나 관리 팀, 마케팅을 진행하는 부서 담당자들의 얘기를 들어본다. 그들은 데이터 전문가가 아니어도 된다. 각 담당자들이 그들의 언어로 필요하다고 생각하는 기능을 얘기할 때 그 '원인'이 무엇인지 파악해야 한다. 말하는 그대로 만들 필요는 없지만 왜 그 기능이 필요하다고 하는지 맥락을 파악하는 것이 중요하다.

예를 들어 "사람들이 한 번 클릭했던 책을 화면 구석에서 계속 보여주면 좋을 것 같아요"라고 말한다면 그 책이 다시 한 번 구매 고려 대상이 될 수 있도록 상기시켜주면 좋겠다는 맥락이지 모든 화면의 최상단에 그 책을 나열해놓기를 바라는 건 아닐 것이다. 각 실무 담당자들이 필요하다고 얘기하는 데는 다 이유가 있는 법인데, 구상하는 것들을 일단 가감 없이 들어보는 것이 좋다. 그리고 그중 가장 선행되어야 할 일이 무엇인지도 의견을 들어본다.

모두 필요하다고 말하는 경우도 있는데, 다시 말하지만 모두 할 필요는 없다.

3. 현재 웹/앱 데이터를 확인하고 필요하다면 추가 데이터를 모은다.

지금 우리 회사에는 멤버십 고객의 도서 구매 이력 데이터만 존재할 가능성이 높다. 멤버십에 가입되지 않은 고객의 구매를 알아보기 위해 서점과 연동해 데이터를 구할 방법은 없는지, 결제 수단에 따른 고객 특성을 잡아낼 방법은 없는지 고민해본다. 일자나 시간대별 판매 데이터와 날씨 정보를 연결해보는 방법도 있다.

예를 들어 특정 일자에 눈이 많이 내렸다면 '눈이 많이 오는 날에 읽을 만한 책'이라든가, '비가 많이 올 때 선택한 책', '꽃이 필 때 읽기 좋은 책'처럼 날씨나 시즌 정보와 판매 데이터를 연결해보는 것도 가능하다. 필요한 외부 데이터들을 어떤 방법으로 구할 수 있는지, 필요한데 딱 맞는 데이터가 없어서 수집이 가능하지 않다면 대체할 만한 방법은 무엇인지 생각해본다.

4. 목적에 맞는 가설들을 검증한다.

실제 데이터를 모았다면 가설을 검증하면서 분석을 해본다. 성별로 책 판매 순위를 매겨보았더니 전혀 차이가 없을 수도 있다. 나이대별로 순위를 매겼더니 의외로 10대와 40대의 구매 패턴이 비슷할 수도 있다. 비가 오는 날과 아닌 날의 책 판매에 전혀 차이가 없을 수도 있고 특정 시간대의 책 판매가 다른 시간대와 완전히 다를 수도 있다.

생각한 것이 전부 그대로 드러나지 않을 수도 있는데, 또 다른 관점에서 보면 새로운 발견을 할 가능성도 있다. 이렇게 하나씩 검증을 해본다.

5. 가설을 실제 웹/앱에 반영할 수 있는지 구체화한다.

개인별로 의미 있는 차이가 나왔다고 해서 모든 것을 반영하기는 어려울 수도 있다. 1명의 사람이라도 행동 특성상으로는 여러 그룹에 속할 수 있기 때문에 어떤 기준을 먼저 보여줘야 할지도 고민해봐야 한다.

알고리즘 자체가 매우 까다롭거나 품이 많이 드는 경우도 있다. 책을 분석하는 것이 빠를지 사람을 분석하는 것이 빠를지 동시에 할 수 있는지도 고민 대상이다. 예를 들어 아마존의 경우 가입자가 제품보다 훨씬 많기 때문에 제품 알고리즘을 만들어 속도를 낼 수 있었다. 동일한 수라 하더라도 책 1,000권의 유사성을 분석하는 것과 1,000명의 구매 패턴을 분석하는 것 중 사람 분석이 더 어려울 때도 있다.

6. 필요하다면 수식이나 알고리즘을 만든다.

웹/앱에서 어떨 때 어떤 책을 보여줘야 할지 규칙을 만들었다면 기계가 이해할 수 있도록 기계언어로 규칙을 전달해야 한다. 인사이트를 사람에게 전달할 때는 반드시 알고리즘을 만들지는 않는다. 사람의 말로 풀어내는 것이 더 중요하기 때문이다.

하지만 웹/앱에서는 기계가 알아들을 수 있도록 프로그래밍

언어를 사용해 코딩해야 한다. 가상이지만 웹/앱 화면이 움직일 때 따라야 할 규칙을 만들어주는 것과 비슷하다. 이때 프로젝트 규모, 데이터 사이언티스트 개인의 역량에 따라 엔지니어와 함께 작업해야 하는 경우도 있다. 당연하지만 데이터 분석 언어에 대한 이해가 전혀 없는 데이터 사이언티스트는 역할을 제대로 수행하기 어렵다. 어떤 수식이 앱 안에서 기능할 수 있도록 또 다른 프로그래밍언어를 사용해야 하는 경우 엔지니어와의 협업이 필요할 수 있다.

7. 개발 담당자들과 반영 여부를 논의한 후 실제 웹/앱에 반영한다. 가능하다면 미리 테스트를 한다.

혼자 모든 웹/앱을 만드는 경우가 아니라면 반드시 개발을 맡은 엔지니어들과 긴밀하게 움직여야 한다. 기술 전문가가 아니라면 더더욱 엔지니어와 함께 일하면서 충분히 소통해야 한다. 내가 상상했을 때와 실제로 소비자에게 전달되었을 때 효과가 다르거나 전혀 없을 수도 있기 때문에 가능할 경우 테스트를 해보면 더 좋다. 사람들에게 추천 도서를 보여줬는데 크기가 작거나 화면에서 보이지 않는 귀퉁이에 있어 그 책을 전혀 클릭하지 않을 수도 있다. 혹은 추천 로직이 잘못되면 왜 이런 걸 보여주느냐며 귀찮아하는 경우도 있다. 의도한 대로 화면이 구성되도록 테스트해보면 좋다.

8. 실행 효과를 데이터로 검증한다. 대안을 미리 만들어두었다면 가장 나은 것을 선택한다.

데이터로 만든 알고리즘이 실제로 소비자들과 만나는 시간이다. 예기치 못한 에러가 생길 때도 있고 소비자가 원하지 않는다면서 컴플레인할 수도 있다. 이때 빠르게 대안을 마련할 필요가 있다. 혹 소비자의 반응이 폭발적이라면 더 좋은 반응을 얻는 것들만 남기면서 점점 더 나은 방법으로 개선할 수도 있다.

9. 향후 웹/앱에서 실제 고객들의 반응을 지속적으로 추적하고 필요하다면 모델을 수정·보완한다.

웹/앱 업데이트에 대한 사람들의 반응은 좋을 수도 나쁠 수도 있다. 나쁜 것들은 개선하고 좋은 것들은 더 좋게 만들면서 반응의 차이를 살핀다. 한번 만들고 끝이 아니라 소비자가 원하는 것들을 계속 찾아내야 한다. 추천이 떴을 때 어떤 책을 클릭했는지 혹은 구매까지 이어졌는지 테스트할 때보다 오히려 극명하게 확인할 수 있다. 프로젝트가 끝나면 손을 떼는 경우도 있지만 오히려 이때 실제 소비자의 반응 데이터를 얻을 수 있으므로 더 좋은 개선이 가능한 때이기도 하다.

———

웹이나 앱에 반영될 만한 분석을 진행하는 프로젝트를 할 때엔 대략 위와 같은 과정을 거치게 된다. 이 과정을 좀 더 일반적으로 정리하면 다음과 같다.

[기획] 프로젝트의 범위를 정하고 데이터를 모은다

웹/앱 개선 프로젝트는 개발 일정이 정해져 있는 경우가 많다. 서비스를 사용하는 사람들에게 개인화 추천을 하거나 가장 효율적인 화면을 보여주거나 구매 편의성을 높여주기 위한 방법을 고민하면서 이를 숫자로 증명하고 모델을 만드는 일을 하게 된다. 이때 개발자들과의 협업은 필수이며 실제로 웹/앱 화면에 반영되는 것을 상상하면서 기획해야 한다.

1. 기한 내 수행할 프로젝트의 범위를 정한다.

무엇이든 가능하지만 모든 것을 기한 내에 다 할 수는 없다. 일정 기간 안에 수행할 프로젝트의 범위를 정해야 한다. 기존에

서비스되던 것을 완전히 멈출 수는 없는 경우도 있기 때문에 이를 고려해야 한다.

2. 유관 부서의 필요를 듣고 함께 연구해야 할 문제를 정한다.
지금 분석해야 하는 문제를 정의한다. 예를 들어 고객들이 특정 아이콘을 자주 사용하고 있는지, 사용하고 있지 않다면 개선해야 할지 삭제해야 할지, 그 아이콘을 통해 고객 편의나 수익이 만들어지고 있는지 등 확인해야 할 연구 문제를 구체화한다.

3. 현재 웹/앱 데이터를 확인하고 필요하다면 추가 데이터를 모은다.
대부분 웹/앱의 로그 데이터가 쌓이기 때문에 데이터가 아예 없는 경우는 드물다. 하지만 쌓여만 있고 분석하기 용이하지 않을 때도 있고 활용하지 않는 데이터라고 판단해 일부 로그 데이터를 적재하지 않는 일도 있다. 분석을 위해 새로 데이터를 정리해야 할 때도 있으며 이때 개발자와 협업해야 할 수도 있다.

[분석] 데이터를 분석하고 결과를 구체적 모델로 만든다
분석 과정은 어느 기업에서나 마찬가지로 프로젝트나 데이터의 특성에 따라 달라져야 한다. 분석 결과가 최종적으로 반영되

어야 하는 대상은 웹/앱이므로 인사이트가 도출되는 것도 중요하지만 좀 더 구체적인 모델로 결과가 나와야 한다.

4. 목적에 맞는 가설들을 검증한다.

시간대별로 화면을 다르게 구성하고 싶다는 목적이라고 가정하자. 특정 시간대에 방문한 고객들이 특정 제품군을 많이 구매한다거나 특정 제품군을 많이 구매하는 고객들은 또 다른 시간대에 재방문한다는 패턴을 발견할 수도 있다. 이런 가설들을 검증한다.

5. 가설을 실제 웹/앱에 반영할 수 있는지 구체화한다.

시간대라는 것도 정의하기에 따라 달라진다. 1시간 단위인지, 3시간이나 그 이상인지 혹은 단위가 없는 특정 시점 전후인지도 구체적으로 정해야 한다. 화면 구성 역시 다양한 조합이 가능하니 어떤 시간대, 어떤 고객들을 대상으로 해야 하는지 아주 구체적으로 정의해야 한다.

6. 필요하다면 수식이나 알고리즘을 만든다.

데이터 사이언티스트가 실제로 웹/앱에 반영될 수 있는 구체적인 조건들을 정의해야 할지, 수식이나 알고리즘을 만들어야 하는지는 현재 프로젝트에 투입된 인력이나 규모 등에 따라 달라진다. 특정 개발 언어를 사용해야 할 수도 있다.

[실행] 실제 웹/앱에 반영하고 반응을 추적한다

실제로 웹이나 앱 화면에 분석 결과가 어떻게 반영되는지 확인하고 그 결과에 따라 의사결정을 하는 단계다. 몇 개의 가정을 해두었다가 테스트 결과를 보고 가장 효율적인 것으로 최종 결정한다.

7. 개발 담당자들과 반영 여부를 논의한 후 실제 웹/앱에 반영한다. 가능하다면 미리 테스트를 한다.

의미 있는 분석 결과가 나왔다 하더라도 실제로 화면에 어떻게 반영할지는 개발 담당자들과 협의해야 한다. 실제 반영 시 개발자가 코딩해야 하는 경우도 많다. 미리 테스트를 해보면 좋다.

8. 실행 효과를 데이터로 검증한다. 대안을 미리 만들어두었다면 가장 나은 것을 선택한다.

실제로 화면에 구현되었을 때 다른 조건들과 환경 때문에 원하는 효과가 나타나지 않을 수도 있다. 이때 대안을 미리 마련해 두었다면 가장 효과가 좋은 것을 선택할 수 있다.

9. 향후 웹/앱에서 실제 고객들의 반응을 지속적으로 추적하고 필요하다면 모델을 수정·보완한다.
웹/앱이 론칭됐다고 해서 데이터 사이언티스트의 일이 끝난 것은 아니다. 예상치 못한 오류가 생길 수도 있고 실제 고객의 건의에 따라 불편한 점들이 보완될 수 있다. 완제품이 나오면 수정하기가 어려운 실물 제품과 달리 끊임없이 오류를 수정해야 할 가능성도 있다.

여기까지 데이터 사이언티스트가 진행하는 프로젝트의 일반적인 과정을 살펴보았다. 그럼 이제 이런 일들을 성공적으로 해내기 위해 데이터 사이언티스트가 지녀야 할 몇 가지 무기들을 알아보자.

6장

데이터 사이언티스트의 무기

사고하고 판단할 수 있는가

기술 관련 전공의 인기는 날이 갈수록 높아지고 있다. '문과여서 죄송하다'는 '문송합니다' 같은 자조적 신조어가 등장할 만큼 문과생들이 취업난에 시달리면서 고등학교 시절 한 선생님은 문과생들에게 꼭 취직해서 인사하러 오라고 하시기도 했다. 4차 산업혁명 시대를 맞은 지금, 인문학 전공은 필요 없어진 걸까?

앞으로 반복적인 일은 점점 더 기계가 대신하게 되고 인간은 그 결과물만 받아보는 일이 점점 더 늘어날 것이다. 사람이 몇

주 동안 일일이 분석하던 것들을 기계가 1분 만에 해결할지 모른다. 지금은 엔지니어가 직접 코딩하면서 어렵게 만들어내던 것들도 기계가 좀 더 쉽게 해낼 방법을 찾을 것이다. 점점 더 많은 기업에서 제공하고 있는 머신러닝 자동화 기술Auto ML은 기계학습의 어려운 부분을 블랙박스 영역으로 남겨둔 채 결과를 낼 수 있게 한다. 입력과 결과를 구상할 수만 있다면 중간 부분은 이미 만들어져 있는 쿼리로 해결해주는 것이다.

이런 현상과 함께 그 반대편에서는 인간의 인문학적 판단이 더욱 중요해지리라 예상된다. 시간과 노력으로 하던 일들을 기계가 대신해주는 만큼 사람만이 갖고 있는 고유의 사고력이 더 많이 요구되는 것이다. 예를 들어 기계가 알아서 학습을 하고 있다면 '무엇을 학습해야 하는지', '학습한 데이터로 시장에 무엇을 내놓아야 하는지' 같은 결정이 나 자신은 물론이고 다른 기업과의 차이도 만들어낼 수 있다.

소비자가 온라인에서 제품을 구매하는 상황을 상상해보자. A씨는 쇼핑을 할 수 있는 웹사이트에 들어갔다. '오늘의 특가'라고 큼지막하게 쓰여 있는 광고를 보고 클릭한다. 오늘따라 너무 싸게 나온 건과일 간식을 장바구니에 담았다. 원래 사려고 했던 것은 수분크림이다. 기존에 쓰던 수분크림의 브랜드를 검색해

최저가 상품을 장바구니에 담는다. 이 제품을 산 사람들이 함께 샀다고 추천해주는 마스크팩도 추가했다. 3,200원만 더 담으면 무료 배송이라고 해서 언제든 필요할 수 있는 4,500원짜리 휴지도 더 담아 결제했다.

이때 A씨가 자연스럽게 한 행동 하나하나를 데이터로 분석할 수 있다.

'오늘의 특가' 대신 '이달의' 혹은 '핫딜'과 같은 다른 단어들을 썼다면 구매가 더 일어났을까, 줄어들었을까, 아무 영향도 없었을까? 이 광고가 웹사이트 첫 화면 중앙이 아니라 왼편이나 오른편 상단 혹은 하단에 있었다면 어떻게 됐을까?

수분크림 브랜드를 검색했을 때 가격 비교 순서가 달랐다면 어땠을까? 용량이 더 커서 판매가는 비싸지만 그램당 가격은 더 저렴한 제품이 먼저 나왔다면 어땠을까? 혹은 성분이 완전히 같은 더 저렴한 제품을 보여주면 어땠을까? 더 유명한 브랜드의 제품을 맨 위에 보여줬다면 장바구니엔 무엇이 담겼을까?

다른 사람들이 수분크림과 함께 구매했다는 추천 제품이 마스크가 아니라 립스틱이었다면 그 립스틱을 샀을까? 추천 제품의 가격대가 더 높았다면, 더 낮았다면 어떻게 됐을까? 아니면 추천 제품 자체가 소비자를 귀찮게 하는 것은 아닐까?

무료 배송 하한 금액이 더 높았다면 어떻게 됐을까? 하한 금액 기준이 더 낮았다면 휴지를 추가로 구매하지 않았을까? 그 금액대의 다른 제품을 고를 수 있었던 건 아닐까? 휴지보다 더 비싼 제품을 추가할 수는 없었을까?

이런 가설들과 가능성들을 테스트하는 것을 일반적으로 'AB 테스트'라고 부른다. A 조건과 B 조건을 비교한다고 보면 된다. 이때 조건이 꼭 2개일 필요는 없다.

이 웹사이트에서는 어떤 조건에서 제품이 잘 팔리는지 소위 기계가 학습을 한다. 그리고 기계가 학습한 그 조건에 따라 제품이 더 잘 팔릴 수 있도록 방문한 소비자 개인마다 온라인 서비스 화면을 달리 보여준다고 생각해보자. 매출은 계속 오르고 해당 서비스는 회사에서 만족스러운 평가를 받게 될 것이다. 기계가 알아서 돈을 벌어다 주는 상황이 된다.

여기에서 사람이 하는 일은 없는 것처럼 보일지 모른다. 학습한 데이터에 따라 기계가 좋은 결정을 하고 그 결정이 소비자에게 효과가 있고 실제로 돈을 잘 벌어다 주고 있으니 말이다.

그런데 신제품을 만드는 회사라면 어떨까? 혹은 어떤 기후나 환경 조건 또는 그 무엇에 변화가 생겨서 서비스를 새로 기획해야 하는 상황이라면 어떨까? 당신이 그 서비스를 기획하는 사람이라면 개인마다 사이트 화면이 다르게 보이는 조건을 일일이 확인할 수 있을까? 새로운 제품을 기획하는 것처럼 창조적인 일이거나 '사람'이 결정해야 하는 순간에 뭐라고 말할 수 있을까? "기계가 알아서 최고의 조건을 만들었기 때문에 잘 모르겠습니다"라고 할 것인가?

기계가 대신할 수 없는 영역이 분명 아직 남아 있다. 기술이 가져올 환상적인 미래 때문에 간과하는 부분들이 있다. 결국 그 기계를 학습시키는 것도 사람이고 결과를 책임지는 것도 사람이고 기술이 알려주는 데이터를 기반으로 전략을 세우는 것도 사람이며 신제품의 디자인을 결정하는 것도 사람이다. 사람이 해야 하는 최소한의 기능은 계속 남아 있을 것이고, 그 최소한의 기능이 사실 가장 중요한 영역일지도 모른다. 바로 인간의 판단력이나 창의성과 맞닿아 있는 지점이다.

따라서 인문학적 사고를 바탕으로 기술을 이해해야 한다. 기술의 발전이 필요 없다는 것도 아니고 인문학이 더 중요하다는 것도 아니다. 기술과 인문은 분리되어 있는 것처럼 보이지만 분명히 함께해야 할 영역이다.

나만의 관점이 있는가

영화 '금발이 너무해Legally Blonde'에서 주인공 엘 우즈는 패션 전공자로 평소 미용에 관심이 많았다. 남자친구의 이별 통보를 계기로 하버드 법대에 들어간 우즈는 외모가 화려하고 다른 법대생과 다르다는 이유로 문제아 취급을 받는다. 그런데 이후 변호사가 된 우즈는 한 사건에서 '파마약과 수분'에 관해 평소 알고 있던 지식으로 단서를 찾아 살인사건의 진범을 잡는다. 파마를 한 뒤 일정 기간 물을 멀리해야 탱글탱글한 파마머리가 유지된다는 사실로 위증을 밝혀낸 것이다. 물론 상식으로 그 사실을 알고 있었다 해도 그 순간에 연결해서 떠올리지 못했다면 소용이 없었을지 모르지만.

영화 특유의 유머를 가미한 극적인 전개였지만 이때 어렴풋이 느꼈고 지금은 확신하게 된 사실이 있다. 어떤 분야, 그것이 아무리 사소하고 작은 것처럼 보여도 무언가 하나에 깊이 빠진 적이 있는 사람은 남들과 다른 시야를 갖게 된다는 것이다. 그리고 그 시야는 인생에 상당히 도움이 된다. 어떤 주제를 깊이 파고들어본 적이 있느냐 없느냐에 따라 다른 분야를 대하는 관점도 달라진다.

파마에 관한 지식으로 범인을 잡을 수도 있다. 전혀 상관없어 보이는 분야의 지식이 내 일에 도움이 되는 순간은 언젠가 찾아온다.

　　당신은 회의 자리에서 의견을 자신 있게 얘기할 수 있는가? 어떤 주제를 두고 대화를 나눌 때 "○○가 그 부분을 잘 알지 않나?"라고 호명되는 분야가 있는가? 똑같은 문제를 보고 남들과는 다른 당신만의 시각으로 설명할 수 있는가? 꼭 '새로운 시각'일 필요는 없다. 자신만의 관점을 갖고 있는지가 중요하다.

　　하나 이상의 분야에서 전문가가 되면 자연스럽게 '관점'을 갖게 될 것이다. 자신도 모르는 사이 안목으로 스며드는 것이다. 차에 시동이 걸리지 않을 때 기계공학자는 시동 장치를, 전기공학자는 배터리를, 화학공학자는 연료를 생각한다는 얘기가 있다. 이 외에도 다양한 버전의 '전공별 반응'이라는 유머들을 한 번쯤 본 적이 있을 것이다. 회사에 정말로 도움이 되는 자신만의 관점이 있다면 대단한 강점이 될 수 있다.

남의 시각을 복사하는 것이 아니라 나만의 관점으로 해석하는 능력을 가져야 한다. 계산은 기술이 대신해주고 정답은 검색한 번으로 쉽게 찾을 수 있는 시대이기 때문이다.

분석에 대한 그림을 그릴 수 있는가

분석을 위한 기술을 배우려면 어떻게 시작해야 하느냐는 질문을 많이 받는다. 코딩은 머릿속에 선명한 이미지가 있을수록 더 빠르게 배울 수 있다. 분석을 잘하려면 내 머리로 상상하고 그 상상을 논리적으로 증명하고 실제로 분석할 수 있어야 한다. 이를 위한 세 가지 팁은 다음과 같다.

1. 머릿속에 대략적인 결과물이 떠올라야 한다.

머릿속에 대강이라도 원하는 결과물이 있는 것이 좋다. 이를 위해 여러 데이터를 조합한 결과를 상상할 수 있어야 한다.

IQ 테스트를 해봤다면 이런 문제를 본 기억이 있을 것이다.

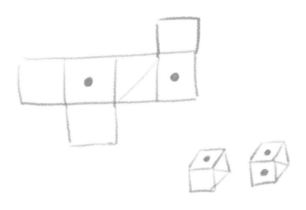

　데이터로 코딩을 하다 보면 수도 없이 이 데이터와 저 데이터를 연결해야 하는 일이 생긴다. 이렇게 뒤집어보고 저렇게 뒤집어봐야 하는 일의 연속이다. 어떻게 하면 이 테이블과 저 테이블을 연결했을 때 오류가 없을까? 어떻게 하면 의미 있는 결과를 찾을 수 있을까?

　이때 머릿속으로 어떤 결과물이 나올지 상상할 수 없다면 창의적인 분석이 어렵다. 데이터의 조합을 머리로 상상하지 못하면 실제로 코딩을 할 수도 없다. 상상한 대로 결과물이 나오지 않으면 나중에 수정할 수 있지만 처음부터 상상을 할 수 없다면 아예 다음 단계로 갈 수가 없다.

전문 용어를 쓰자면 엑셀에서 피벗* 기능을 쓸 수 없는 사람이 코딩을 하면서 분석할 가능성은 거의 없다. 먼저 엑셀로 시트 간 조합**이나 피벗 등의 원리를 이해해보는 것이 좋다. 엑셀에 있는 표로 상상하기 어렵다면 코딩을 배우기 어려울 수도 있다.

2. 논리적으로 사고해야 한다.

상상한 결과물을 만들기 위한 재료는 당연히 데이터다. 날것 상태인 로데이터***는 정말 작은 단위의 데이터이기 때문에 어떻게 분석하느냐에 따라 같은 데이터로도 수천수만 가지 분석을 할 수 있다. 그 작은 단위의 데이터를 어떻게 조합할지 구체화하기 위해서는 논리적인 사고 단계가 반드시 필요하다.

데이터를 분석하기 위해 코딩을 할 때 통계나 수학적 지식이 많아야 한다고 생각할 수도 있다. 그런데 사실 그보다는 논리력이 훨씬 중요하다. 코딩을 배우려면 논리가 필수적인데, 논리 역

---

* pivot. 데이터를 좀 더 쉽게 분석하도록 요약하는 기능. 행렬 재배치와 연산 등을 할 수 있다.
** vlookup. 엑셀에서 특정 값을 찾고 계산하거나 대치할 수 있게 해주는 함수.
*** raw data. 수집한 원래 자료. 즉, 전환이나 가공되기 전 최초의 형태를 지닌 자료.

시 수학에 속하는 전공이다. 꼭 논리학을 공부해야 하는 것은 아니다. 단계적으로 생각할 줄 알아야 한다는 뜻이다.

다시 강조하지만 코딩의 기본은 논리력이다. 단 한 글자, 단 한 줄만 잘못돼도 원하는 결과를 얻지 못할 수도 있다. 남이 작성한 쿼리를 가져다 쓸 때도 자신이 원하는 방법으로 수정해야 하는 경우도 있고, 스스로 수백 수천 줄의 쿼리를 논리적인 단계에 따라 한 줄 한 줄 정성껏 작성해야 하는 경우도 많다.

분자 단위가 어떻게 물질이 될 수 있는지 상상할 수 없는 사람은 스스로 코딩을 하고 쿼리를 작성할 수 없을 가능성이 높다. 낱개의 블록을 이렇게 쌓으면 이런 모양이 나오고, 저렇게 쌓으면 저런 모양이 나온다는 것을 상상할 수 있어야 하나하나 흩어져 있는 데이터를 모아 결과물을 만들 수 있다.

3. 내 손으로 결과물을 만들겠다는 의지가 있어야 한다.

머리로 상상한 것을 가장 빠르게 구체화하는 방법은 바로 상상한 그 사람이 손을 움직여 결과물을 내고 확인하는 것이다. 남에게 시키면 그만큼 기다리는 시간이 필요하고 자신이 원하는 그대로 나오지 않을 가능성도 있다. 시간 지연 없이 자신의 머릿속에 떠오른 것을 확인할 수 있으면 그만큼 더 빨리, 더 나은 결과물을 얻을 수 있다.

코딩을 전혀 접하지 않았던 사람들 혹은 프로젝트를 관리하는 사람들은 다른 사람에게 데이터를 요청하면서 은연중에 이렇게 생각할 수 있다.

'나는 갑이고 브레인이다. 내가 생각한 것을 을이 만들어내는 것이니, 저 사람이 만든 결과물은 내 아이디어의 결과이고 내 결과물이다.'

이 정도는 아니라도 이렇게 생각할 수도 있다.

'서로 전문성이 다른 것이다. 저 사람은 숫자를 만들어내는 자신의 일을 하는 것이고 나는 내 일을 하는 것이다.'

결론적으로 말하자면 이런 생각을 가진 사람들은 데이터 사이언티스트가 될 가능성이 없다. 기술 즉, 쿼리를 배울 가능성이 없다. 공부하는 데 동기부여가 되지 않을 것이기 때문이다. 자신의 손으로 직접 결과물을 만들어내고 싶다는 동기부여가 있는 사람이 기술을 배울 확률이 높다. 혹은 높은 수준의 기술을 갖지 않더라도 남이 작성한 쿼리를 보고 응용할 수 있을 정도의 학습 의지를 가져야 한다. 자신이 직접 통계적으로 가치 있는 쿼리를 작성하고 인사이트를 찾고 모델링을 하고 싶다는 생각을 해야만 데이터 사이언티스트가 될 수 있다.

다양한 경험을 융합할 수 있는가

내 주변 데이터 사이언티스트는 저마다 장점이 달랐고 데이터 사이언티스트가 되기 이전에 하던 일이나 전공도 다양했다. 사람의 숫자만큼이나 다양한 길을 밟아왔다고 해도 과언이 아니다. 이들은 각자 살아온 방식으로 데이터를 보는 안목이 있고, 그 안목에 기술을 접목해 다양한 퍼포먼스를 보였다. 숫자를 다루는 기술적 역량과 이를 풀어내는 안목을 가진 이들은 점점 더 많이 필요한데 아직 전문가의 숫자는 턱없이 부족하다고 한다. 데이터 사이언티스트의 수요가 늘어나는 만큼 앞으로 더 다양한 인력이 유입될 것이고 먼 미래를 장담할 수는 없지만 한동안 데이터 사이언티스트가 되기 위해 노력하는 사람들은 많아질 것으로 보인다.

특히 신입 데이터 사이언티스트보다는 다른 일을 하다가 데이터 사이언티스트로 전향하는 사람이 많으리라고 추정된다. 데이터 사이언티스트는 제너럴리스트에 가까운 스페셜리스트이기 때문이다. 다시 말해 자신의 경험과 장점을 바탕으로 데이터 프로젝트의 목적을 달성하기 위한 모든 역량을 동원할 수 있는 전문가가 되어야 한다. 다른 영역의 분석가나 컨설턴트 중에

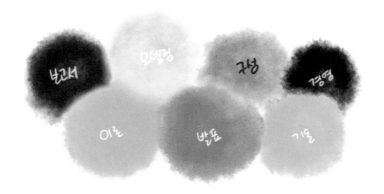

학업이나 조직 경험을 통해 집중적으로 얻는 역량들이 있다. 그 모든 경험들이 나중에는 균형을 이루게 된다.

신입의 활약이 상대적으로 적은 이유도 이와 비슷하다. 어린 시절부터 데이터 사이언티스트가 되기 위해 달려오지 않았다 하더라도 지금까지의 이력이 그 발판이 되어줄 수 있다.

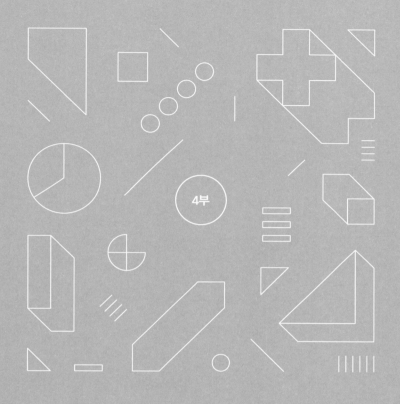

4부

'나'라는 데이터를 분석하는 워크숍

: 적성을 찾고 확신을 얻는 과정

7장

선택의 순간에 묻는다

상상만으로 고민하지 않기를

대학에서 20대를 다 보내고 나서도 종종 강의를 하러 학교에 가다 보니 매해 학부생들의 얼굴을 보게 된다. 그런데 내가 변한 건지 아니면 정말 시대가 변하고 있는 건지 졸업을 앞둔 3~4학년 학생들의 얼굴이 해가 갈수록 어두워진다. 학생들의 한숨은 깊어졌고, 상담해오는 고민 내용도 점점 우울해졌다. 굴러가는 낙엽만 봐도 이유 없이 깔깔거리며 웃는다는 청춘의 상징 같은 것은 거의 찾아볼 수 없어 그리울 정도다.

시간이 흐르고 나서 생각해보니 내게 진로 상담을 신청한 학생들의 고민은 크게 하나였다. '특별히 하고 싶은 게 없다'. 극심한 사회적 압박을 뚫고 선택할 만큼 하고 싶은 일도 없고, 그저 그런 선택지들 중에 내가 뭘 잘하는지도 모르겠다는 거다. 그러면서 내게 장황하게 늘어놓는 대안들은 그저 가설에 불과했다. 뭔가를 조금이라도 시도해보고 찾아오는 사람은 드물었다.

직업 정보, 다시 말하면 접근할 수 있는 데이터가 많아졌다. 해보지 않아도 남의 영상과 글을 찾아보면 그 직업을 알 수 있게 되었다. 머릿속으로 이 직업과 저 직업을 대조해볼 수도 있다. 직접 해보는 것보다 더 스마트하고 더 실용적인 방법처럼 여겨진다. 옛말 틀린 거 하나 없다고, 경험자들의 훈계를 듣고 소거법으로 가능성들을 제거해간다. 어렵거나 힘들지 않고 돈도 많이 벌면서 좋아 보이는 일은 하나도 남지 않고, 결국 하고 싶은 일도 없어진다. 해보지 않은 채 인생의 결론을 내버리는 것이다.

이 책은 데이터 사이언티스트라는 직업을 하나의 선택지로 소개하려는 목적도 있지만 '하고 싶은 게 없다'는 이들의 심정을 잘 알기에 할 수 있는 만큼 함께 길을 찾아주고 싶은 마음에서 쓴 것이기도 하다.

해보는 것만큼 중요한 것은 없다. 한 일에 대한 후회보다 하지 않은 일에 대한 후회가 훨씬 더 오래 간다. 그러니 데이터 사이언티스트가 궁금한 사람이라면 이 책을 읽는 데서 그치지 말고 데이터를 분석해보는 일을 꼭 직접 해보길 바란다.

상상만으로 고민하지 않길 바란다. 딱 10시간만이라도, 엑셀로라도 분석 과정을 경험해보길 바란다. 직업을 선택하는 것은 향후 몇 년 혹은 남은 미래 전체가 걸린 결정을 하는 일이니 신중해야 한다.

데이터 사이언티스트가 되든 되지 않든, 자신이 좋아하는 일을 하길 바란다. 이런저런 이유와 팍팍한 인생 탓에 좋아하는 직업을 갖지 못했다면 현재 직업에서 자신이 좋아하는 지점을 찾아내면 좋겠다. 뭔가를 정리하는 것을 좋아하는 사람인지, 결과물을 만들고 이름을 알리는 데서 희열을 느끼는지, 매일 반복적인 일을 할 때 마음의 안정을 느끼는지 등 분명 자신만이 좋아하는 부분이 있을 것이다.

만약 당신이 좋아하는 그 부분이 데이터 사이언티스트라는 직업의 어느 부분과 맞닿아 있다면 도전해볼 만하다고 생각한다.

내 인생의 키워드

크고 작은 데이터 팀에서 일하면서 회사 안팎의 수많은 데이터 사이언티스트 혹은 엔지니어 선배를 만났다. 그들을 동경하면서 그들에게는 어떤 역량이 있는지, 정말 뛰어난 데이터 사이언티스트들은 어떻게 행동하는지 곰곰이 생각해보게 됐다. 그들과 나는 어떤 다른 장점이 있는지 비교해보기도 했다. 그 과정에서 나를 설명할 수 있는 나만의 키워드를 찾아냈다.

소비자 심리학, 데이터, 오프라인 매장. 이 세 단어는 데이터 사이언티스트로 일하면서 나를 소개할 때 주로 쓰는 키워드가 됐다. 소비자 심리학 박사 학위를 받기까지 소비자의 행동과 마음을 데이터로 검증해 인사이트를 찾는 일을 했다. 그리고 오프라인 매장이 있는 통신사나 리테일 회사에 다니면서 혹은 그런 브랜드에 컨설팅을 해주면서 '매장에서의 소비자 데이터'를 분석했다.

이는 꼭 데이터 사이언티스트가 아니라도 고민해야 하는 과정이다. 나와 같은 업계에 있는 사람과 비교해 내가 특별히 잘하는 것은 무엇인지, 내가 잘한다고 생각하는 사람들의 특장점 중 내가 가질 수 있는 것과 갖지 못할 것은 무엇인지, 내가 지금까지 해왔던 일 중 지금 일에 도움이 되는 경험은 무엇인지, 내가 좋아한 일들의 공통점은 무엇인지, 내가 싫어하는 일은 무엇인지, 내가 어떤 가치 때문에 이 일을 하고 있는지 등.

데이터 사이언티스트가 되고 싶다는 생각을 하고 있다면 이 일이 자신의 적성에 맞는지 생각해보는 시간이 필요하다. 앞서 얘기했듯이 데이터 사이언티스트에게는 기본적인 3가지 역량이 필요하다. 하지만 데이터 사이언티스트가 될 수 있는 길은 다양하고 사람마다 성향이나 만족감을 느끼는 지점이 모두 다르다. 따라서 자신만의 성향과 데이터 사이언티스트의 일 사이에 공통점이 얼마나 있는지 스스로 확인하는 것이 좋다.

박사과정을 하면서 몇 해 동안 성균관대학교에서 소비자 심리학 전공과목을 가르쳤다. 심화 전공과목이라 대학 졸업을 앞둔 3~4학년 학생들이 많았다. 학기마다 개인 과제로 좋아하는 브랜드를 정해 주제에 따라 소비자 분석을 하는 과제를 내줬는데 의외로 과제의 첫걸음인 '좋아하는 브랜드'를 선정하는 데 어려움을 겪는 학생들이 많았다. 어떤 브랜드이든 과제를 하는 데 차이가 없어서 기왕 하는 거 좋아하는 브랜드를 정해서 하라는 것이었는데도 말이다.

그중 다수의 학생들이 '내가 무엇을 좋아하는지 잘 모르겠다'

고 말했다. 조금 당황스럽긴 했지만 매 학기 그런 학생들을 마주하게 되니 그냥 넘어가지지 않았다. 그래서 학기 첫 소과제로 자신이 좋아하는 주제를 정하는 작은 워크숍을 만들었다.

평가 점수는 없는 과제였기 때문에 일부 학생들은 형식적으로 진행했을 것 같다. 아무래도 괜찮다. 의미 있는 시간이라고 생각하는 학생이 몇 명만 있어도 괜찮은 과제였다. 한 학생은 과제를 제출하면서 짧은 감상을 남기기도 했다.

첫 번째 과제 제출합니다. 과제하면서 옛날 일기장도 다시 읽어보고 많이 생각할 수 있었어요! 좋은 과제 내주셔서 감사합니다.

이 워크숍을 나는 '캐릭터 마이닝'이라고 부른다. 나만의 캐릭터를 찾는 시간, 내 인생의 키워드를 찾아가는 시간이다. 내가 잘하는 것과 좋아하는 것을 발견하고, 하고 싶어 하는 일과 키워드 간의 공통점과 차이점을 찾아본다.

'캐릭터 마이닝'은 몇 가지 질문에 답을 적는 것이 첫 단계다. 그 답을 엑셀이나 접착식 종이에 적어 한눈에 볼 수 있도록 한다. 삶의 시간 순서대로 떠올려보면 된다.

두 번째 단계에서는 앞에서 답한 단어들 사이의 관계를 찾아 자신의 키워드를 확정한다. 그렇게 3가지 키워드로 자신의 캐릭터를 구축한다.

준비물은 아래와 같다. 혼자 할 때는 엑셀로 해봐도 되는데, 종이 한 장을 엑셀 한 칸으로 바꿔 진행해도 무방하다.

· 준비물

1. 접착식 메모지

단어 하나를 적을 수 있는 크기로 선택한다. 여러 색이면 더 좋다.

2. 굵은 펜

시각적으로 더 잘 보이게 하기 위해 굵은 펜으로 질문의 답을 적는다. 본인이 잘 볼 수 있다면 일반 펜으로 적어도 무방하다.

3. 색연필

3가지 이상의 색을 준비한다. 형광펜이나 다른 종류의 펜이어도 괜찮다. 3가지 키워드를 구분하는 데 사용한다.

4. 커다란 종이 혹은 접착식 종이를 붙일 수 있는 책상이나 벽

종이 위에 해도 되고, 책상이나 벽에 붙였다가 모든 과정이 끝난 뒤 정리해도 된다.

커다란 종이에 하나 더 준비할 것이 있다. 각자 나이만큼 가로줄을 긋는 것이다. 꼭 1살 단위로 그을 필요는 없다. 앞으로 질문에 답하면서 자신의 삶에서 일어난 일들을 기억해야 하는데 좀 더 구체적으로 기억하기 위해 필요하다.

준비물과 생각할 수 있는 충분한 시간이 확보됐다면 이제 다음 질문들에 답을 적어보자. 1개의 질문에 하나 혹은 그 이상의 단어가 생각날 수 있다. 이때 종이 1장에 단어 하나를 쓴다. 여러 단어가 생각나면 여러 장의 종이에 단어 하나씩만 적는다. 엑셀에서도 1칸에 단어 1개만 적는다.

질문

1. 초등학교 입학 전 잘하던 것은 무엇인가?

2. 상을 받았다면 무슨 상이었는가?

3. 나는 어느 학교에서 무엇을 공부했는가?

4. 나는 어떤 동아리에서 활동했는가?

5. 나는 어떤 종류의 봉사활동을 했는가?

6. 나는 어떤 종류의 교육과정을 듣는 데 돈을 지불하는가?

7. 나의 장래희망은 무엇이었나?

8. 나는 학교에 다닐 때 어떤 회사에 관심이 있었는가?

9. 나는 어떤 회사(들)에 다녔는가?

10. 나는 어떤 직업(들)을 가졌는가?

11. 나는 어느 나라/도시를 가보았나?

12. 나는 여행을 가면 어떤 일을 하는가?

13. 펑펑 울어본 적이 있는가?

14. 가장 신났던 일은 무엇인가?

15. 가장 행복한 기억은 무엇인가?

16. 못 견딜 정도로 화가 났던 적이 있는가?

17. 무척이나 싫어하는 것이 있는가?

18. 존경하는 인물, 롤 모델이 있다면?

19. 기억에 남는 영화나 책이 있다면?

20. 나의 연관 검색어이길 바라는 단어는?

잊고 지냈던 재능 찾기

질문 1.
초등학교 입학 전 잘하던 것은 무엇인가?

나를 키워준 분들이
"1살 때 음악 듣고 춤추는 거 보고 음악성이 있다고 생각했어"라든지
"어릴 땐 그림 그리는 거 참 좋아했는데" 같은 말을 했었는지 생각해보자.
배우지 않고 잘하던 것이 있다면 무엇이든.

질문 2.
상을 받았다면 무슨 상이었는가?

나는 어디에서 상을 받았나.
무슨 일을 했을 때 상을 받고 칭찬을 들었나.
사람들이 내게 무엇을 잘한다고 말해주나.

어릴 때 칭찬받았던 일을 떠올려보자

배우지 않아도 잘하던 것이 있었을 것이다. 어릴 때는 조금만
두각을 나타내도 칭찬을 받는다. 어린아이들이 해내면 아주 평
범한 일도 엄청난 재능으로 보인다. 어른들과 비교할 필요가 없
으니까.

어린 시절 잘했던 게 뭔지 떠올려보면 적성을 발견하는 데 도

움이 된다. 일 자체에 대한 재능이라기보다는 타고나는 성향이다. 대부분의 사람들은 지금 그 일을 하고 있지 않을 확률이 높다. 그 재능을 그대로 키워 어른의 세계에서 직업으로 갖기는 쉽지 않다. 따라서 어릴 때 잘했던 일을 다시 하라는 건 아니다. 그저 그때 왜 그렇게 그 일을 재밌게 했는지, 왜 칭찬을 받았는지 떠올려보기만 해도 도움이 된다. 기억이 잘 나지 않는다면 당시 키워준 분들에게 물어보는 것도 좋다.

내 경우 어릴 때 그림 그리기를 좋아했다. 석고상 그리는 게 너무 싫어 결국 미대에 진학하지는 못했다.(웃음) 지금은 취미로만 할 뿐, 전문적인 실력은 없다.

직업적인 꿈은 여러 번 바뀌었다. 동아리 활동도 다양하게 했다. 부모님은 내게 '12가지 재주 가진 사람 굶어 죽는다'는 속담을 들려주시곤 했다. 좋아하는 일이 자꾸 바뀌니 한 우물을 파지 않는다는 느낌을 받으셨던 모양이다. 부모님의 우려와는 달리 시간이 흐르면서 내가 좋아했던 일의 공통점을 발견했다. 시각적으로 보이는, 끝이 있는, 내가 직접 만드는 일이었다.

그림 그리기는 혼자 할 수 있는 일이다. 시각적으로 보인다. 끝이 있고 완성품에 내 사인을 할 수도 있다.

데이터 사이언티스트로서 데이터를 분석하는 시간엔 대부분

돌잡이는 우리가 원래 갖고 있는 성향을 알고 싶어 시켰던 게 아닐까? 물론 그냥 잡기 좋은 위치에 있어 잡는 경우도 많겠지만.

을 혼자 일한다. 시각적인 차트를 만들어 남이 읽을 수 있는 보고서로 정리한다. 그 보고서엔 내 이름이 들어갈 수도 있다. 한 프로젝트가 끝나면 다시 새로운 프로젝트를 시작할 수 있다.

어릴 때 좋아했던 일과 현재 내게 만족감을 주는 일의 포인트가 비슷할 수 있다는 점에 주목해볼 필요가 있다. 또 같은 일을 하더라도 사람마다 만족감을 느끼는 지점이 다르다. 나는 데이터 사이언티스트가 하는 일 중 일부에서만 만족감을 느끼고 있을 것이다. 다른 데이터 사이언티스트는 나와 다른 이유로 이 일을 선택했을 수도 있다.

직업은 바뀔 수 있다. 하지만 사람에게 만족감을 주는 어느 지점, 사람의 성향은 크게 바뀌지 않을 수도 있다. 자신에게 만족을 주는 부분, 희열을 느끼게 해주는 부분, 안정감을 주는 부분이 무엇인지 생각해보면 적성을 찾는 데 도움이 될 것이다.

'이지 고잉'에서 의외의 적성을 발견할 수 있다

'이지 고잉easy-going'. 느긋하고 태평스러운 것을 말한다. 경쟁이 일상이 된 사회에서 '이지 고잉'이란 단어를 들으면 뭔가 치열하게 살지 않는 것 같고 노력하지 않는 것 같은 느낌도 든다.

하지만 생각보다 '쉬워 보이는 길'에 가치가 있다. 무리하지 않고 쉽게 해내는 일이 자신의 적성을 나타낼지도 모르기 때문이다.

20대 중반, 몇 갈래의 길 앞에서 고민했던 적이 있다. 진로를 어디로 정해야 할지 무척이나 혼란스러웠다. 지금 뭔가를 선택하면 내 인생이 그 방향으로 크게 달라질 것만 같아서 쉽게 결정을 내리지 못하던 때였다. 약 6개월 정도 생각할 시간이 있었고 고민만 계속하다 보니 어떻게 되든 상관없다는 생각이 들 정도였다.

그러던 어느 날 명절 무렵 삼촌을 만났다. 삼촌은 말수가 적어 평소 대화를 자주 나누는 사이는 아니었는데, 근황을 전하다가 짧은 대화를 하게 됐다.

삼촌: 왜 박사과정으로 가는 게 재미가 없을 것 같아?

나: 음… 성적도 나쁘지 않고 논문 쓰는 것도 어렵지 않은데, 막 신이 나지가 않아요.

지금 생각해보면 그 길이 '나쁘지 않은데 신이 나지 않는다' 정도의 마음이었던 것 같다. 삼촌은 내 얘기를 조금 더 들어주다가 자신의 얘기를 꺼냈다.

삼촌: 나는 물리학보다 수학이 더 쉬워서, 물리학이 좀 더 노력해볼 만한 학문이라고 생각했어. 그런데 쉽게 하는 건 내가 재능이 있기 때문이더라고. 쉽게 하는 게 적성일지도 몰라.

그때 마음에 울림이 있었다. 내가 따분하게 느끼는 일이 어쩌면 재능이 있고 잘하는 일이라서 그런 걸지도 모른다고? 그전까지는 그렇게 생각해보지 못했다.

삼촌은 물리학을 공부하다가 박사과정 중에 수학으로 전공을 바꿨다고 했다. 박사과정을 밟다가 도중에 전공을 바꾸는 것은 이례적인 일이다. 이후 삼촌은 지금까지도 수학 교수로 일하고 있다.

매 순간의 선택이 나를 만든 것일까, 아니면 돌고 돌아 같은 길을 가게 되어 있었던 걸까? 지금의 나는 수많은 경우의 수 중 하나일까?

내가 쉽게 해내는 일, 남들만큼 노력하지 않아도 비교적 좋은 결과를 내는 일, 그래서 큰 노력을 필요로 하지 않고 덜 신난다고 생각되는 일. 이런 생각이 드는 일이 있다면 그 일에 재능이 있는 것인지도 모른다. 내 재능이 남들보다 덜 노력해도 더 쉽게 그 일을 이루게 하는 것일 수도 있다.

매일 하는 일들이 의미가 없다는 생각이 들 수도 있다. 어쩌면 정말 가치 없는 일일 가능성도 있다. 정말 적성에 맞지 않을 수도 있다. 그래서 지루하고 즐겁지 않고 열정이 느껴지지 않는 것일지도 모른다.

그런데 만약 내가 남들보다 쉽게 해내고 있는 것이라면? 그래서 주어진 일이 너무 쉽다고 생각하는 것이라면? 다른 일이 필요한 것이 아니라 같은 종류의 일이지만 더 높은 레벨의 일이 필요한 상황이라면?

내 적성은 거기에 있을지도 모른다. '이지 고잉'에서 의외의 적성을 발견할 수도 있다.

현재 열정을 잃어버린 상태라면 스스로에게 질문을 던져보자. 이 일이 정말 가치를 못 느끼는 일인가? 정말 의미 없는 일인가? 다른 일이 아닌 이 일을 시작한 계기는 뭐였나? 다른 선택이 아닌 지금의 이 선택을 한 조그마한 동기라도 있지 않았나?

지금 필요한 것이 적성에 맞는 새로운 일인지 혹은 좀 더 심화된 일인지 구분해보길 바란다.

일을 잘하는 사람과 나의 공통점과 차이점을 찾아보자

성실하게 열심히 일하며 살고 있었는데 갑자기 뭔가 잘못됐다는 느낌이 들 때가 있다. 잘하고 있는지도 모르겠고, 회사에서 윗사람에게 혼날 때도 있고, 무엇 하나 제대로 하지 못하는 기분이 들 수도 있다.

많은 이들이 내가 원하는 방식이 아니라 남이 원하는 방식대로 사는 데 익숙하다. 뭔가 불편한데, 완벽한 곳이 어디 있겠냐며 혹은 남들도 다 그렇게 살아간다며 합리화한다. 취업이 어려운 시대인 만큼 직장이 있다는 것만으로도 감사해야 한다거나 때로는 남들은 구하기도 어려운 직장에 다니고 있는데 뭐가 문제냐는 소리를 들을 때도 있다.

일을 잘 못하는 느낌이 든다면, 일단 정말 일을 못하는 사람은 '그런 생각조차 하지 않는다'는 점을 상기할 필요가 있다. 일을 잘하고 못하고를 고민한다는 것 자체가 일을 잘하거나 잘할 가능성이 있다는 뜻이다. 더 잘하고 싶은 마음이 있기 때문에 그런 좌절을 느낀다. 진짜 일을 못하는 사람들은 자신이 일을 잘

한다고 착각한다.

일을 잘하고 싶다면 본인이 생각하기에 일을 잘하는 사람들과 자신의 공통점과 차이점을 살펴볼 필요가 있다. 때로는 내가 잘하는 것보다 남이 잘하는 것이 더 커 보인다. 내가 잘하는 건 이미 갖고 있는 것이라 내가 갖지 못하고 잘 못하는 역량이 더 훌륭해 보인다. 그래서 나는 일을 잘 못한다고 생각하는 악순환이 반복된다. 내가 정말 객관적으로 일을 못한다고 평가받는 것인지, 아니면 갖지 못한 역량 때문에 그렇게 느껴지는지 확인해 보자.

그리고 갖지 못한 역량이 있다면 그 역량을 얻기 위해 노력하면 된다. 적성에 맞지 않는데 그저 욕심을 내는 경우라면 그 역량을 그렇게까지 해서라도 가져야 할 이유를 분명하게 적어본다. 그 이유가 생각보다 분명하지 않을 때도 있다. '남들이 다 하니까' 같은 이유는 자신의 인생에 그다지 도움이 되지 않는다. 하나의 역량을 갖기 위해 노력한 시간만큼 다른 것을 위해 노력할 시간은 줄어들게 마련이다. 그런데 자꾸만 자신이 갖지 못한 것만 보면서 가지려고 하다가는 스스로가 초라하게만 느껴질 뿐이다.

1개월 사이 지인 몇 명이 갑작스럽게 회사를 그만둔 적이 있다. 그들은 서로 회사도, 지위도, 부서도 모두 달랐지만 비슷한 얘기를 했다. "더 이상 이곳에서 할 수 있는 일이 없는 것 같아." 사실 그들은 능력이 없지 않고, 오히려 스스로 만족하지 못하면서 더 잘하려고 노력하는 경우였다.

회사를 다니는 것은 연애를 하는 것과 비슷하다. 똑같은 행동을 하는데 그것을 좋아해주는 사람이 있고 싫어하는 사람이 있다. 내 능력 자체는 전혀 부족하지 않은데 부족하다는 느낌을 주는 회사가 있다. 나를 알아봐 주는 조직을 만나는 건 그래서 큰 행운이다.

어느 회사에 가도 무능력하게 느껴진다면 내가 나 스스로를 너무 과소평가하는 것일지도 모른다. 스스로 꽤 노력하며 살아왔다고 생각하는데 만족할 수 없다면 한 걸음 물러나 쉬는 시간을 가져보는 것도 좋다.

달릴 땐 보이지 않던 것들이 걷거나 멈춰 서면 보일 때가 있다. 나도 휴학 한번 없이 박사까지 졸업하고 회사를 7년 다녔더니 더 이상 달릴 힘이 남아 있지 않았던 때가 있다. 쉬면서 생각이 정말 많이 바뀌었다. 회사에서 눈을 돌려보니 관점이 달라진 것이다. 잠시 바깥에서 바라보면 회사에서 더 열심히 일할 수 있는 에너지를 얻을 수도 있다.

내 선택의 공통점 찾기

질문 3.

나는 어느 학교에서 무엇을 공부했는가?

이력서에 적는 것처럼 사실 위주로 적으면 된다.
어느 초·중·고등학교 혹은 대학이나 대학원 등을 다녔는지,
문과였는지 이과였는지, 전공이나 부전공은 무엇이었는지.

질문 4.

나는 어떤 동아리에서 활동했는가?

학창 시절 소위 CA라는 것을 했다면 어떤 동아리를 선택했는지,
자발적으로 가입했던 동아리가 있는지, 연합 동아리를 했었는지,
주기적으로 참석하던 학교, 친목, 종교 단체 등의 모임이 있었는지.

질문 5.

나는 어떤 종류의 봉사활동을 했는가?

사람들과 만나는 봉사활동을 했는지,
앉아서 할 수 있는 봉사활동을 선호했는지,
어떤 종류의 사회문제에 관심이 있었는지.

질문 6.

나는 어떤 종류의 교육과정을 듣는 데 돈을 지불하는가?

관심이 있었던 강의, 컨퍼런스, 세미나.
무료를 찾아다닐 때도 있지만 돈을 지불하면서도 듣고 싶었던 강의,
내 시간과 돈을 들여 수강했던 강의들.

좋아하는 일의 형태를 끊임없이 확인하라

자신의 전공이나 동아리 활동, 취미 생활을 '어떤 이유 때문에 선택했는지' 꼭 생각해보면 좋겠다. '그냥'이라고 생각할 수도 있지만 사람은 반드시 어떤 작은 이유라도 있어야 뭔가를 선택한다.

정말 아무 이유도 없을 리가 없다. 예를 들어 대학 전공을 선택할 때 '그냥 성적에 맞춰서 지원했다'고 생각할 수 있다. 하지만 여러 전공 중 그 성적으로 지원할 수 있는 과가 적어도 하나는 더 있었을 것이다. 지금의 학과에 지원한 이유가 미래 전망이 밝을 것 같아서든, 저것보다 덜 싫어서든, 그 이유를 생각해보면 된다. 혼자 일하는 것을 좋아하는지, 안정적일 것 같아서인지, 복잡한 일은 싫어한다든지, 사람들이 인정해주는 전공이라든지, 부모님이 좋아했다든지 어떤 이유든 좋다.

그 이유가 옳고 그르다는 얘기를 하고 싶은 게 아니라 내 선택에 영향을 주는 이유를 생각해보자는 것이다. 선택의 이유에서 성향이 드러난다.

내 경우 업무와 취미 생활을 돌아보면 새로운 일인지, 시각적으로 결과물이 남는 일인지, 시장에 도움을 주는 일인지가 중요했다. 이 중 하나라도 충족돼야 보람을 느꼈는데, 반면 하나도 충족되지 않으면 의미가 없는 일이라고 생각했다. 그럼 자연스럽게 일이 재미없다고 생각하게 된다.

그래서 억지로라도 자신에게 맞는 형태로 의미를 부여하는 작업들이 필요하다. 원래 그런 일이 아니더라도 자신이 좋아하는 형식으로 의미를 부여할 수 있게 하는 것이다. 일종의 합리화인데, 정말로 내게 기쁨을 줄 수 있는 형태로 바꿔야 한다.

가끔 회사 상급자와 면담을 하게 되면 이 부분을 꼭 포함해 얘기한다. 나는 이런 일을 중요하게 생각하는데 이런 부분이 채워지면 더 즐겁게 일할 수 있을 것 같다고. 직원이 일을 더 잘하게 된다는 얘기에 귀를 기울이지 않는 상급자는 없다(만약 그러지 않는다면 상급자로서 자격이 부족한 것일 수 있다). 물론 상황이 여의치 않아서 직원의 요구를 들어줄 수 없는 경우도 있다. 하지만 할 수 있는 범위 내에서 직원이 원하는 형식으로 일부분이라도 업무를 조정하거나 아니면 "상황이 이래서 원하는 부분을 채워주지 못해 미안하다"는 얘기라도 해준다면 직원들의 불만은 줄어들 것이다.

또 나는 결과가 마무리되어 뭔가로 남는 것을 좋아하기 때문에 보고서를 쓰고 결과를 발표하는 데서 만족감을 얻을 수 있었다. 반복적이지 않은 프로젝트를 받는 것으로 새로운 일에 대한 욕구도 조금이나마 채울 수 있었다. 실제로 데이터 분석 결과가 시장에 나올 제품에 반영되기 때문에 시장과 소비자에게 도움이 된다는 의미도 얻을 수 있었다.

다른 사람들은 어떻게 생각하든 자신에게 의미 있는 형식을 확인해야 한다. 남들이 의미 있다고 말해도 본인이 느끼지 못하면 소용이 없다. 반면 남들은 의미가 없다고 생각하는 것 같아도 본인이 의미를 찾으면 그것은 소중한 일이 될 수 있다.

좋아하는 일의 형식, 만족감을 얻는 방식을 찾아야 한다. 의미를 부여할 수 있도록 하는 일을 조금 변형해보는 것도 좋다. 회사와 자신 모두에게 도움이 되는 변화가 일어날지도 모른다.

장래희망의 상상과 실제 확인하기

질문 7.
나의 장래희망은 무엇이었나?

나는 어릴 때 무엇이 되고 싶었는가.
아주 어릴 적 현실을 고려하지 않았을 때의 꿈,
학교에서 장래희망을 적어 내라고 했을 때의 꿈들.

질문 8.
나는 학교에 다닐 때 어떤 회사에 관심이 있었는가?

인턴을 하려고 했던, 인턴을 했던 회사,
관심이 있었던 회사나 조직,
그 조직에 다니고 있는 사람과 만나서 대화를 나눴던 경험.

인턴, 적성을 찾는 시간

인턴은 이직에 비해 상대적으로 적은 기회비용으로 자신의 적성을 확인할 수 있는 시간이다. 몇 개월의 인턴 기간 동안 실제로 일하는 사람들을 어깨너머로 볼 수 있고, 자신이 상상하던 것과 실제의 차이를 눈으로 확인할 수 있다. 연봉 계약을 한 뒤 퇴직과 이직을 하는 것보다 위험 부담이 훨씬 적다.

물론 인턴에게 중요한 일이 주어질 확률은 낮으니 진정한 업무 경험을 했다고 보기는 어려울 수도 있다. 하지만 정말 중요한 일을 맡게 된 뒤에는 그 이력들을 바탕으로 다음 행보를 정하게 된다. 좀 더 무거운 과정이 되는 것이다. 인턴은 스스로 판단을 내리기 위한 시간으로서의 가치가 있다. 어떤 분야에서 인턴을 했다고 해서 반드시 그 방향으로 경력을 쌓을 필요는 없다.

첫 직장이 중요한 이유는 그 직장에서 한 일을 기반으로 다음 기회가 생기기 때문일지도 모른다. 통념처럼 학벌이나 전공이나 첫 직장이 무조건 중요하다고 주장하는 것은 아니지만 첫 직장에서 업무 스타일을 배울 확률이 높고 거기서 했던 프로젝트나 역량을 바탕으로 다음 일을 결정하게 될 가능성이 크다.

경력직을 선호하는 이유는 단순히 화려한 경력 때문이 아니라 어느 정도 업무 결과가 보장되고 교육 시간도 단축되기 때문이다. 어떤 결과물을 내야 하는지 한 번이라도 경험해본 사람과 아닌 사람은 일의 과정에서도 차이가 있다. 따라서 회사는 최소한의 교육으로 업무를 맡길 수 있는 경력자를 선호하게 된다. 신입들은 "그럼 나는 어디에서 경력을 쌓으란 말이냐"는 소리가 나올 수밖에 없다.

인턴은 '경험'이 생긴다는 점에서도 좋은 기회가 된다. 회사에서 중책을 맡지 않더라도 어떻게 프로젝트가 굴러가고, 어떤 결과를 내는지 잘 살펴봐야 한다. 좋은 결과에 관한 이미지가 있으면 다음에 프로젝트를 맡았을 때 응용할 수 있다. 신입에게 경력을 기대하는 것 자체가 말이 안 되지만 어쩌면 '경력 우대'에게 진짜로 바라는 것은 결과물을 내는 방법에 있어서의 경험일지도 모른다.

할 수만 있다면 아르바이트든 인턴이든 다양한 경험을 해보길 바란다. 요즘엔 너무 정보가 많다 보니 그냥 해보기보다는 정보를 모은 뒤 최선의 선택을 하기 위해 고민하는 경우가 많다. 그러지 말고 그냥 해보면 좋겠다. 상상하는 일과 실제로 해볼 때의 일은 다르다. 경험을 해보는 것이 중요하다. 정보와 경험이 합쳐질 때 더 확신이 생긴다.

내 선택의 전환점 찾아보기

—

질문 9.

나는 어떤 회사(들)에 다녔는가?

실제로 입사하게 된 회사.
이직했다면, 이직하게 된 계기도 함께.
새로운 회사를 선택하게 된 이유.

질문 10.

나는 어떤 직업(들)을 가졌는가?

내가 하게 된 일들. 마케터, 총무, 프로그래머…
한 회사에서 팀을 옮긴 경험
혹은 새로운 직업을 갖기 위해 조직을 옮긴 경험.

이직, 유토피아를 찾는 시간

이직을 하는 근본적인 이유는 저마다의 유토피아를 찾기 위해서라고 생각한다. 이상적으로 여기는 조직의 모습, 이상적인 자신의 일이 어딘가에 있으리라 기대하며 이직할 확률이 높다. 혹은 연봉이 이유가 될 수도 있는데, 이 역시 자신의 가치를 좀 더 높이 평가하는 곳이 있으리라 생각하는 것과 궤를 같이한다.

이직을 하지 않는 경우에도 여러 이유가 있다. 현재 조직이 만족스럽거나, 따로 유토피아가 없다고 생각하거나, 그 유토피아에 자신이 적합하지 않다고 판단하는 경우도 있을 것이다.

어떤 이유에서든 이직을 결심했다면 자신이 원하는 것이 무엇인지 확실히 할 필요가 있다. 앞에서도 말했지만 회사는 연인과 같아서 지금 애인의 어떤 점이 마음에 안 들어 그 단점이 없는 새로운 애인을 만나면 또 다른 단점이 보인다. 모든 면이 완벽한 사람은 없듯이 모든 면이 완벽한 회사도 없다. 자신이 원하는 것이 무엇인지 확실히 알고 있다면, 견딜 수 있는 단점이 무엇인지 알고 있다면 이직 여부를 결정할 때도 도움이 된다.

단 몇 시간이라도 구체적으로 미래를 생각해보자

대학에서 강의를 할 때 종종 내게 상담하러 오는 학생들이 있었다. 3~4학년 전공생 대상의 수업을 하다 보니 내 수업을 듣는 학생들은 진로를 두고 고민이 많았다. 대부분 대학원에 갈지, 어떤 직업을 가질지에 관한 생각들을 털어놓았다.

일단 누군가와 논의하기 위해 시간과 용기를 냈다는 점에서 그들은 좋은 학생이라고 할 수 있다. 속으로만 생각하지 않고 여러 사람을 만나 묻고 답하는 시간은 중요하다. 그런 대화를 통해 내면에 품고 있던 질문의 답을 구할 수 있을지도 모른다.

그런데 몇몇 학생들과 대화를 하면서 이들이 생각보다 일에 관한 정보를 모르고 있다는 인상을 받았다. 간단한 검색으로 알 수 있는 내용을 모르는 경우도 있었고 마음속에 어렴풋한 환상만 품은 경우도 있었다.

학생: 임상심리학자가 되고 싶어요. 그래서 대학원에 가려고 해요.
나: 임상심리학자가 실제로 어떤 일을 하는지 본 적이 있나요?
학생: 아니요, 그렇지만…

대학원에 투자하는 비용과 시간, 자격증을 취득하기 위한 노력을 다 들인 뒤 임상심리학자가 됐다고 가정해보자. 실제로 일을 해보니 적성에 안 맞을 수도 있다. 물론 그때 가서 되돌릴 수도 있고 과거가 의미 없는 시간은 아니었겠지만 실제로 임상심리학자가 일하는 모습을 몇 시간이라도 보고 그들의 실제 얘기를 들어본다면 자신의 성향과 맞는지 안 맞는지 미리 고민해볼 수 있다.

일의 가장 중요한 본질을 고민해야 한다

데이터를 분석하는 일을 하는 사람에게는 '데이터를 갖고 있는 것'이 무엇보다 중요하다. 물론 데이터를 분석하기 위해 필요한 것은 이 외에도 많다. 데이터를 분석할 수 있는 툴, 기술 지원, 함께 일할 동료, 데이터를 필요로 하는 프로젝트, 조직 문화… 하지만 이 모든 것은 '데이터'가 있기에 가능하다. 데이터가 없다면 아무리 좋은 툴과 동료가 있어도 무의미하다.

조직은 마치 사람과 같아서 완벽하지 않다고 했다. 장점이 있으면 단점이 있기 마련이라 어느 조직에서든 약간의 결핍을 느끼게 된다. 여기에서 결핍 자체는 문제가 아니다. 이 결핍이 내게 얼마나 치명적인지가 중요하다.

데이터 분석가에게 데이터가 없는 것은 어떤 경우에나 치명적이다. 필요한 툴이 없으면 설득을 해서 예산을 따내든 지금 있는 최소한의 툴로 분석을 하든 어떤 식으로든 해결할 수 있다. 인력이 없으면 사람을 뽑으면 된다. 쉽지 않은 일이지만 불가능하지는 않다.

하지만 데이터가 없으면 일은 정말 어려워진다. 데이터를 쌓는 일부터 해야 하기 때문이다. 또 데이터는 쌓일수록 강한 힘을 갖는 속성이 있어서 지금부터 데이터를 쌓는다면 최소 1~2년 후에나 의미 있는 일을 할 수 있다. (만약 데이터가 없다면 1~2년 후에도 지금처럼 고민할 수 있기 때문에 지금부터라도 데이터를 쌓아야 한다.)

데이터가 없는 데이터 분석가는 흙이 없는 토기장이, 보석이 없는 보석 세공사다. 뭔가 다른 것으로 대체할 수 있을 것 같지만 데이터는 무엇으로도 대체할 수가 없다. 데이터는 다른 데이터로 대체할 수밖에 없다. 어떤 데이터라도 갖고 있어야 한다.

데이터 분석가에게 데이터 접근 권한을 주지 않는 회사는 쓸데없이 시간과 비용을 낭비하고 있는 셈이다. 분석가에게도 마찬가지다. 데이터가 없는 회사에서 일하는 것은 귀한 시간과 재능을 낭비하는 일이다.

따라서 자기 일의 본질, 자신의 일에서 가장 필요한 것이 무엇인지 생각해봐야 한다. 그것이 결핍되어 있다면 조직에 알려

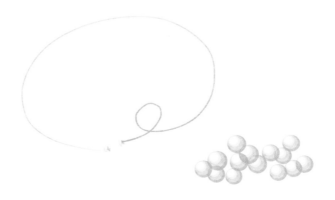

구슬이 서 말이어도 꿰어야 보배다. 그런데 구슬이 없으면 꿸 수가 없다. 데이터가 없는 회사에서 데이터 분석가는 의미를 잃게 된다.

야 한다. 설득하고 이끌어내야 한다. 하루라도 빨리 본질적인 업의 필요를 채워 의미 있는 일을 하기 위해 노력하는 것이 좋다. 의미를 발견하면 조금이라도 재미를 느낄 수 있고, 재밌는 일은 좀 더 오래 잘할 수 있다.

일상에서 벗어난 나 돌아보기

질문 11.
나는 어느 나라/도시를 가보았나?

이사나 전학을 했던 경험.
여행이나 출장을 위해 공간을 이동한 일.
살고 싶었던 나라, 문화 충격을 받은 나라.

질문 12.
나는 여행을 가면 어떤 일을 하는가?

때때로 다를 수 있겠지만 주로 하는 일.
제한된 예산 안에서 꼭 하게 되는 것.
캐리어 공간이 부족해도 꼭 사게 되는 것.

제한된 환경에서는 가장 좋아하는 일을 하게 된다

여행을 가면 아무래도 일상생활과는 달리 행동에 제한이 생긴
다. 예산이 충분하지 않을 수도 있고, 활용할 수 있는 사회적 자
원도 달라진다. '다음에 다시 와서 해야지' 하고 생각해도 같은
도시에 다시 못 올 수도 있고, 캐리어의 크기도 정해져 있어서
사고 싶은 걸 다 살 수도 없다.

　여행을 갈 수 있는 시간도 1년에 며칠 안 되는 경우가 많아서

여행지를 선택할 때도 평소와는 다르다. 어디도 가지 않고 그냥 집에서 쉬는 것도 선택의 하나다.

휴가가 생겼을 때 어떤 일을 하느냐에 따라 성향의 차이가 드러난다. 귀한 시간과 금전이 제한된 상황에서 자신이 어떤 선택을 하는지, 그 선택을 한 이유는 무엇인지 떠올려보자.

여행지가 새로운 가치관을 심어줄 때도 있다. 평소 만나보지 못했던 것들이 나를 자극하는 것이다. 그때 만난 사람, 사건으로 인해 새로운 곳에서 일할 아이디어를 얻게 되기도 한다.

내 경우 시간이 날 때마다 가보지 않았던 도시를 가보려고 노력하는 편이다. 20대 중반, 베를린에 방문했을 때 베를린장벽 근처의 한 가게에 들렀다가 국가별 '브랜드 이미지'를 생각하게 됐고, 이를 계기로 대학원에서 브랜드에 대한 연구를 계속하기도 했다.

감정 파악하기

———

이제 다음 질문에 답을 적어보자. 앞선 질문들과는 조금 다른 성격의 질문이다. 일에 대한 적성을 파악할 때는 안정적이고 이성적인 성향을 고려하는 것이 더 적합하지만, 사람이 어떤 순간

한계에 다다르면 감정적인 부분이 크게 다가온다. 그리고 인생의 큰 결정이나 변화는 그런 감정적인 순간에 이뤄지기도 한다. 따라서 자신의 감정이 폭발했던 경험을 되새겨볼 필요도 있다.

나는 수많은 영화 중에서 왜 그 영화를 좋아할까? 그때 왜 그렇게까지 화가 났을까? 기억나지 않을 만큼 수많은 나날 중에서 왜 그날의 일만큼은 잘 기억날까? 나는 그 사람의 어떤 점이 좋아서 동경하는 걸까?

예를 들어 새로운 도전을 하는 주인공이 나와서 좋았다든가 새로운 시도를 할 수 있어 기대에 부풀었는데 좌절되면서 화가 났다든가 새로운 시작을 하게 된 날이 잘 기억난다든가 도전하는 것을 두려워하지 않는 사람이 롤 모델이라든가 하는 식이다.

이런 종류의 질문에 답을 하다 보면 의외의 공통점을 발견할 수 있다. '불공정한 일을 볼 때'라든지, '사람을 도와주는 일이 좋다'든지, '새로운 것들을 시도할 때' 등의 분석이 나온다.

질문 13.

펑펑 울어본 적이 있는가?

감정을 주체할 수 없었던 일,
충격적이었던 혹은 감동적이었던 사건,
가슴에 구멍이 뚫린 것처럼 마음 아팠던 일.

질문 14.

가장 신났던 일은 무엇인가?

크게 환호성을 질렀던 일,
그 소식을 듣자마자 사람들에게 알리고 싶었던 일,
당신을 크게 웃게 만드는 일.

질문 15.

가장 행복한 기억은 무엇인가?

그때를 생각하면 마음이 따뜻해지는 일,
아무리 작은 일이라도 정말 행복하다 느꼈던 일,
미래의 이 장면을 떠올리면 힘이 나는 일.

질문 16.

못 견딜 정도로 화가 났던 적이 있는가?

심하게 화가 났던 일,
참을 수 없을 만큼 충격적이었던 분노,
두고두고 생각이 나서 힘들었던 기억.

질문 17.
무척이나 싫어하는 것이 있는가?

한심하다고 생각하는 것,
그 일만 생각하면 몸서리가 쳐지는 일,
아주 싫어하는 사람이 갖고 있던 특성.

질문 18.
존경하는 인물, 롤 모델이 있다면?

저 사람의 저런 점은 꼭 닮고 싶다는 속성,
존경하는 사람, 내게 큰 영향을 준 사람,
동경하는 인물이 갖고 있는 장점.

질문 19.
기억에 남는 영화나 책이 있다면?

절절하게 마음에 와닿은,
인생의 경로를 바꿀 만큼 충격적이었던,
몇 번이고 다시 봐도 재미가 있는.

질문 20.
나의 연관 검색어이길 바라는 단어는?

내 이름이 검색될 때 함께 나왔으면 하는 단어
혹은 내 연관 검색어에서 지워버리고 싶은 단어.
내 이름 앞에 붙었으면 하는 형용사.

다른 것처럼 보이는 취향 속에서 공통점을 찾아보자

내 답을 관통하는 하나의 키워드를 발견한다면 정말 큰 행운이다. 행동의 많은 부분이 설명되고, 그 이후에도 의연하게 대처할 힘을 얻게 된다. 물론 그 키워드에 집착해 자신을 규정해버리지는 않았으면 좋겠다. 자신을 그 키워드에 맞추라는 것이 아니라 자신을 더 잘 이해하라는 뜻이다. 사람들은 생각보다 자기 자신을 잘 알지 못한다.

이 질문들의 답은 다른 사람과 공유하지 않아도 좋다. 스스로 질문하고 답해보고 다른 질문들과 비교해보는 시간을 가져보길 권한다. 그리고 앞서 답했던 인생의 변곡점들과 혹시 이 키워드가 연결되어 있지는 않은지 살펴보면 더욱 좋을 것이다.

이 단어들을 커다란 종이에 한꺼번에 붙여보자. 나이 순서대로, 내 삶의 변곡점이 어디였는지 살펴보면서 자신이 보기 좋은 대로 정렬해놓으면 된다.

8장

캐릭터 마이닝

키워드를 찾는 방법

이제 질문에 대한 답에서 키워드를 찾을 차례다. 이 단계에서는 많은 생각이 필요하다. 여러 단어들을 거미줄처럼 연결해볼 수도 있고, 아니면 '내가 원하는 내 캐릭터'에 해당하는 키워드들을 찾아낼 수도 있다. 먼저 다음의 3가지 주제를 정한다.

· 내 커리어를 3가지 단어로 정리한다면?
· 내가 좋아하는 것을 3가지 단어로 정리한다면?

• 내가 참기 어려운 것을 3가지 단어로 정리한다면?

앞서 각 질문들에 답한 접착식 메모를 활용할 때다. 색연필 하나를 들고 해당 주제에 맞는 색으로 동그라미표를 한다. 칠하거나 원하는 모양을 그려도 된다. 한 번에 보기 위해 편의상 하나의 색으로 표기하는 것이다.

단어들로 그룹을 만든 예시다. 이 예시에 모든 질문의 답이 표기되어 있지는 않다. 반복적으로 나오는 단어나 연결할 수 있는 단어를 토대로 상위개념을 찾아가는 연습을 할 수 있다.

커리어 키워드 찾기

내 이력서를 단 3개의 단어로 압축할 수 있다면? 나만의 커리어 패스를 누군가에게 10초 안에 설명하려면?

　내 커리어의 키워드를 찾아보자. 회사를 다닌 적이 있다면 좀 더 구체적인 키워드를 찾기 쉬울 수도 있다. 취업 준비생이라면 앞으로 하고 싶은 일의 키워드와 그 일을 위해 지금까지 해온 일들을 정리해 찾아내면 된다.

키워드는 단순하고 선명한 것이 좋다. 누구나 알아들을 수 있는, 사람들에게 이미지가 좋은 단어들을 중심으로 생각해보자. 결국 여러 단어들의 공통점을 찾는 작업인데, 귀결점 같은 느낌으로 단어를 생각해봐도 된다. '이 종착지를 위해 내가 이렇게 여러 단어들을 거쳐왔구나' 하는 느낌이다.

좀처럼 키워드 찾기가 쉽지 않다면 다음의 몇 가지 관점에서 생각을 해보자.

1. 내가 다닌 회사들의 공통점을 찾는다.

– 온라인 회사인지, 제조업인지, 무슨 제품을 만드는 회사인지.

– 어떤 고객층이 주로 있었는지 혹은 여러 회사에서 여러 고객층을 만나 전체를 아우르게 됐는지.

– 어떤 점에 끌려서 이 회사를 선택하게 됐는지.

2. 내가 한 일들의 공통점을 찾는다.

- 어떤 프로젝트를 주로 해왔는지, 그 프로젝트들을 이을 수 있는 한 단어가 있다면 무엇인지.
- 사람들과 함께하는 일들을 많이 했는지, 혼자 어떤 기술을 발휘해 하는 일인지.
- 지금까지 그 여러 가지 일들을 '내가' 맡게 된 이유는 무엇인지, 내가 가진 어떤 특장점 때문인지.

3. 이 직업을 갖기 위해 지속적으로 준비한 일들의 공통점을 찾는다.
- 내가 전공한 공부, 그 전공을 위해 따로 공부한 것들.
- 내가 가지고 있는 전문성.

이 많은 질문의 끝엔 단어 3개가 남게 된다. 단어는 얼마 뒤에 바뀔 수도 있고 좀처럼 바뀌지 않을 수도 있다. 키워드들은 한동안 당신의 커리어를 대표하는 단어가 될 것이다.

내가 좋아하는 것들의 키워드 찾기
———

늘 좋아하는 일을 할 수는 없겠지만 내가 하는 일에서 좋아하는 지점을 찾아낼 수는 있다. 일하는 1년 중 단 1분만 큰 행복을 느껴도 괜찮을지 모른다. 그 1분의 기억으로 평생을 살아갈 수 있는 사람도 있다.

내가 좋아하는 일의 형태나 방식을 알면 그 시간을 좀 더 늘려갈 수 있다. 전혀 다른 종류의 직업에서 좋아하는 지점을 찾아낼 수도 있다. 좋아하는 일 하나를 알면 또 다른 좋아하는 일을 찾기도 쉬워진다.

1. 내가 행복을 느끼는 것들의 공통점을 찾는다.
- 여행을 가서 꼭 하는 일, 휴일이 되면 꼭 하게 되는 것.
- 여유 시간이 있다면 하고 싶은 일들.

2. 나는 일의 어떤 순간에 보람을 느끼는지 공통점을 찾는다.
- 1년 내내 보람을 느끼기는 어렵지만 내가 어느 순간 이 일에 보람을 느꼈는지.
- 일을 시작할 때 재밌는지, 사람들과 힘을 모아 일을 할 때 즐거운지, 내가 일을 마치고 그 제품이 나왔을 때 신이 났는지.

3. 나는 어떤 일의 형태가 효율적이라고 느끼는지 공통점을
   찾는다.

   – 혼자 일하는 것이 좋은지, 다른 사람들과 조금씩 분담해
     함께하는 것이 좋은지.

   – 문서로 된 결과물이 남는 것이 좋은지, 일을 하는 과정 자
     체가 좋은지.

   – 정해진 시간 동안 일하는 것이 좋은지, 결과물만 내면 과
     정은 스스로 통제하는 것이 좋은지.

내가 참기 어려운 것들의 키워드 찾기

내가 참기 어려워하는 것들은 무엇인가. 어느 조직, 어느 사람에
게나 장점이 있다. 하지만 조직이나 사람과의 관계가 끊어지는
것은 장점이 없어서가 아니라 단점을 견디기 어려워서다.

이 포인트들을 꼭 공유할 필요는 없다. 스스로 인지하고 있다
면 왜 그렇게 화가 났는지, 내가 어떨 때 큰 슬픔이나 좌절을 느
끼는지 생각해볼 수 있다. 그리고 그 일들을 피하거나 개선하는
방법을 찾기 위해 노력할 수도 있다.

1. **큰 변화를 감수해야 하는데도 참기 어려웠던 것들의 공통점을 찾는다.**

    – 충격을 받고 전과 혹은 이직 등의 큰 변화를 결심한 적이 있는지, 언제 진로를 바꿨는지, 이직을 결심했는지.

    – 누군가와 자발적으로 이별을 결심한 적이 있다면 그 이유는 무엇인지.

2. **아주 큰 슬픔을 느꼈던 순간들의 공통점을 찾는다.**

    – 서러움을 느끼거나 나도 모르게 엉엉 울었던 이유는 무엇인지.

    – 누군가의 얘기를 듣고 크게 공감하게 되는 아픔은 무엇인지.

3. **화가 나서 참을 수가 없는 것이 있다면 이유를 찾아본다.**

    – 정치, 경제, 사회, 문화 등 어떤 분야에서 어떤 일이 일어날 때 굉장히 화가 난다면 어떤 지점(누군가 남의 것을 빼앗을 때, 거짓말을 할 때, 약한 존재를 괴롭힐 때)에서 화가 나는지, 왜 화가 나는지.

    – 앞으로 그런 일들에 적게 화내기 위해 무엇을 바꿀 수 있

는지, 내가 사회에 조금이라도 도움이 될 수 있는 방법이 있는지.

미래의 나를 구체적으로 상상해보기

키워드를 찾는다는 것은 나 자신을 좀 더 솔직하게 알아보고 특장점을 극대화하는 작업이다. 키워드는 조금 포장을 하더라도 이 질문에 답하는 시간만큼은 자신에게 진실하면 좋겠다. 모든 문제에 다 답할 필요는 없지만 자신이 갖고 있는 중심적인 속성을 고민하는 시간이 되었으면 한다.

장점이나 단점은 양날의 검과도 같아서 어떤 장점을 갖고 있다면 반드시 그에 수반되는 단점을 안고 있다. 이때 장점에 집중하고 긍정적인 키워드를 만들어 자신의 모토로 삼으면 된다. 분노나 좌절 같은 경험은 있는 그대로 사용하는 것이 아니라 자신을 보호하는 방안으로 활용한다. 이런 일을 다시 겪을 만한 장소나 사건을 회피하는 지침으로 삼을 수도 있다.

이제 앞으로 할 일들을 상상해보자. 이 키워드들을 더 강화하려면 무엇을 해야 하는지, 이 분야에서 어떤 사람이 되고 싶은지, 가까운 미래에 어떤 일을 해야 할지 등이다.

혹시 마음에 드는 키워드가 부족하다면 그 점들을 확보하기 위해 뭘 해야 하는지 고민해보는 것도 좋다. 뭔가 다른 키워드가 하나 더 있으면 좋겠다면 채우고 싶은 것을 상상해보고, 이를 얻기 위해 뭘 해야 할지 계획을 세워보는 시간도 필요하다.

키워드들을 중심으로 내 이력도 다시 정렬해본다. 강점과 약점을 중심으로 나열할 수도 있다. 그리고 이를 활용해 이력서나 자기소개서를 다시 쓸 수도 있다.

이런 시간을 통해 자신의 중심 속성을 찾고 앞으로 하는 일들에 잘 활용할 수 있길 바란다. 자신의 속성에 맞지 않는 일들로 이유도 모른 채 힘들어하는 경우가 있는데, 적어도 나를 알고 있으면 대응할 방법을 생각할 수 있다.

마지막으로 자신이 하고 싶은 일의 속성이 자신의 속성과 잘 맞닿아 있는지 생각하면서 워크숍을 마무리한다. 내가 일하고 싶은 직종의 속성을 전부 나열한다. 이 속성이 내 속성과 얼마나 유사한지 파악하는 것이다. 단 하나의 공통점 덕분에 당신은 그 일을 계속하게 될지도 모른다. 자신이 가치를 두고 있는 속성과 하는 일의 속성이 맞닿아 있는 지점을 아는 것이 중요하다. 그럼 당신이 그 일을 해야 할 이유를 하나 더 갖게 된다.

"지금 하는 일을 좋아하나요?"

언젠가 하와이의 공항에서 세관 직원과 이런 대화를 나눈 적이 있다.

직원: 너 직업이 뭐야?

나: 데이터 사이언티스트.

직원: 그게 뭐 하는 건데?

나: 빅데이터를 분석하고 사람들한테도 말해줘.

직원: 그 일 하는 거 좋아해?

나: 응, 난 재밌어.

직원: 정말 좋겠다. 많은 사람들이 자기 일을 좋아하지 않잖아.

이 대화가 가끔 생각난다. 그리고 '아직 이 일을 재밌다고 생각해서 다행이네' 하고 생각한다. 앞으로 상황이 달라질 수도 있고 심지어 다른 직업을 가질 수도 있지만, 무슨 일을 하든 일에서 조금이라도 즐거움을 찾으면서 살아가고 싶다.

이 책을 읽는 독자도 '나'라는 데이터의 분석 결과를 현실과 연결해보면서 직업에서 즐거운 부분들을 찾았으면 한다. 한순간이라도 즐거운 일을 찾는 것이 나와 잘 맞는 일을 찾는 방법 중 하나일 테니.

2020년 여름
차현나

문과생,
데이터 사이언티스트 되다

초판 발행 · 2020년 6월 1일
초판 7쇄 발행 · 2024년 8월 20일

지은이 · 차현나
본문 일러스트 · 차현나
발행인 · 이종원
발행처 · (주) 도서출판 길벗
브랜드 · 더퀘스트
주소 · 서울시 마포구 월드컵로 10길 56 (서교동)
대표전화 · 02) 332-0931 | **팩스** · 02) 322-0586
출판사 등록일 · 1990년 12월 24일
홈페이지 · www.gilbut.co.kr | **이메일** · gilbut@gilbut.co.kr

편집 · 유예진, 송은경, 오수영 | **제작** · 이준호, 손일순, 이진혁
마케팅팀 · 정경원, 김진영, 김선영, 정지연, 이지원, 이지현, 조아현, 류효정 | **유통혁신팀** · 한준희
영업관리 · 김명자 | **독자지원** · 윤정아

교정교열 · 강설빔 | **CTP 출력 및 인쇄** · 예림인쇄 | **제본** · 예림바인딩 | **디자인** · 석운디자인 | **조판** · 비버상회

ISBN 979-11-6521-153-0 (03320)
(길벗 도서번호 090136)

정가 : 15,000원

독자의 1초까지 아껴주는 **길벗출판사**

(주)도서출판 길벗 IT교육서, IT단행본, 경제경영, 교양, 성인어학, 자녀교육, 취미실용 www.gilbut.co.kr
길벗스쿨 국어학습, 수학학습, 어린이교양, 주니어 어학학습, 학습단행본 www.gilbutschool.co.kr